Barbara Nordmeyer · Mitten hindurch

BARBARA NORDMEYER

Mitten hindurch

SCHICKSALSBILDER
AUS DER GRALSSAGE

VERLAG URACHHAUS STUTTGART

© Verlag Urachhaus Stuttgart 1973
Kurt von Wistinghausen und Walther Junge
Alle Rechte vorbehalten
Druck: Ernst Klett, Druckerei, Stuttgart
ISBN 3 87838 167 0

INHALT

»Wer überwindet, dem will ich zu essen geben vom verborgenen Manna und will ihm geben einen weißen
Stein und auf dem Stein einen neuen Namen geschrieben, den niemand kennt, denn der ihn empfängt.«

(Apok. 2)

Einleitende Gedanken

Die Suche nach dem Gral ist die Suche nach der Wirklichkeit des Lebens.

Unsere heutige Existenz in der technisierten Welt läßt uns die Frage nach der Wirklichkeit immer dringender stellen. Die Brutalität, mit der Maschinen und Apparate unser Dasein bestimmen und die Erde mehr und mehr beherrschen, läßt zuweilen die Empfindung auftauchen, man sei von einem Spuk umgeben. Eingezwängt in das Verkehrschaos, erscheint uns der stumme schwarze Baum im bläulichen Dunst des vorübergleitenden Gartens wie ein Bild aus einer anderen Welt.

Unversehens hat sich die Schemenhaftigkeit auch unserer Handlungen bemächtigt. Die tägliche Arbeit — ist sie wirklich oder nur das mechanische Abrollen von Gewohnheiten? Welchen Rang nehmen Gedanken und Träume in der Skala der Realitätsbewertung ein? Leben wir tatsächlich von den Handgriffen des Alltags oder von dem, was diese Handgriffe begleitet als Gedanke, Traumbild und Ziel? — Eine Mutter pflegt ihr krankes Kind. Das Einerlei des täglichen Sorgens wird beseelt vom Hoffnungstraum der Gesundheit. — Und wenn

9

Traum und Hoffnung getrogen haben? — Wir müssen den Rahmen weiter spannen. Jeden Herbst wirft der Baum seine Früchte ab und verliert seine Blätter. Was ist das für ein unsichtbarer Bereich, in dem das Samenkorn, zerfallend, dennoch das Werden weiterträgt?

Handlungen werden sinnlos, wenn sie nicht mehr erfüllt sind von geistigen Zielen und Wahrbildern der Seele.

Die Überflut äußerer Aktionen hat den Quell, aus dem sich menschliches Handeln speist, verschüttet. Kein Wunder, daß wir uns als Fremdlinge fühlen in der Welt!

*

Die Gesichte des Apokalyptikers begleiten seit 2000 Jahren das Menschenleben. Phantasie oder das Hereinblitzen der »Wirklichkeit«?

»Und ich sah — die heilige Stadt.« Die Toten sind darin mit den Lebenden. Gott ist darin mit den Menschen. Die Straßen sind aus Gold, und Perlen bilden sich zu Toren.

Du sagst: Das ist ein fernes Bild und der Welt fremd. Meine Straßen sind nicht aus Gold, sondern aus Stein, und meine Füße stoßen sich wund daran.

So sehen es unsere Augen. Es gibt andere Augen, die sehen das Gold, das im Stein verborgen ist. Wer das Gold will, muß auch den Stein wollen.

Du sagst: Ich sehe keine Perlen, nur Tränen.

Weißt du nicht, daß sich die Perlen aus dem Schmerz der Muschel erbilden?

Du sagst: Das Leben in seinem Wirrwarr ist Babylon.

Die Toten lächeln — mitten in Babylon baut sich die himmlische Stadt. Und mitten in Babylon ist auch die Gralsburg.
Aber du mußt Parzival werden und sie suchen. Du selbst bist der Narr in all seiner Tumbheit, der den schweren Weg des Zwîfels durch Irrtum und Schuldverstrickung geht, bis er zum Fragenden wird, dem sich die Wirklichkeit des Grales erzeigt. Dann erst bist du ein wahrer Mensch.
Diese Schrift will keine Auslegung der Gralssage sein. Sie möchte dazu anregen, die Bilder in der Seele zu bewegen, in denen der Sinn des Lebens verborgen ist.

Eine Seele nähert sich der Erde

Geraume Zeit schon leuchtet der Umkreis, ehe die Sonne am Horizont emporsteigt. — Längst vor der Geburt eines Menschen werden in der Familie, in der er sich inkarniert, Impulse bemerkbar, die nicht aus ihr selbst erklärbar sind, wohl aber als vorbereitende Wirkensströme einer Entelechie, die sich der Erde nähert. Im nachhinein fragt sich der Beobachter solcher Schicksalskonstellationen: Wer plastiziert da im Verborgenen an dem Formenleib der Individualität, damit sie ein brauchbares Instrument vorfindet, um das ausführen zu können, was sie sich vorgesetzt hat zu tun?

Parzivals Weg hat begonnen, ehe sein Fuß die Erde betrat. Die Figuren seines Lebensumkreises spiegeln in ihren Geschicken den Auftrag dieser Seele bereits vor seiner Geburt in das Tatenfeld herein.

Die Lebenswege der beiden Menschen, die für Parzival die Körperhülle bereiten, erscheinen in ihrem Zueinander und Voneinander wie von einer unsichtbaren Hand gezeichnet. — Gachmuret, der Vater, war ein Wanderer zwischen West und Ost. Früh zog er mit einer Ritterschar in den Orient und errang im Dienste des Kalifen von Bagdad hohe Ehren.

12

Welch geheimnisvolle Fäden zogen ihn nach Afrika, in das Land der Königin von Saba? Dorthin, wo der sagenumwobene König Lalibela dann im 13. Jahrhundert als Abbild von Jerusalem wunderbare Kirchen von oben herab in den Fels schlagen ließ! Belakane, die schwarze Königin, gewann er zur Gattin. Aber es hielt ihn nicht dort. Noch vor der Geburt des Sohnes Feirefis verließ er Belakane. Eine Untreue also! Aber entsprang diese Untreue vielleicht doch einer umfassenderen Treue gegenüber sich selbst und seinem Auftrag? Ohne Schuld vermag schwerlich jemand sein Gesetz zu erfüllen.

Bleiben die Fäden zerrissen, oder werden sie später weitergeknüpft? Einst hatte Gachmuret seine heimliche Flucht damit begründet, daß Belakane nicht getauft sei. Es wird der Augenblick kommen, daß Parzival dem Halbbruder Feirefis begegnet und ihn zur Taufe führt. Nicht nur, daß auch er dann den Gral schaut — die Gralsträgerin Repanse wird seine Gemahlin, und ihrer beider Sohn wandert als der Priesterkönig Johannes wiederum in den Osten zurück, um die Mysterien des Christentums dorthin zu bringen. Flüsse müssen zuweilen versickern, fließen im Unterirdischen weiter, bis sie aufs neue zutage treten.

Auch die Verbindung mit Herzeleide ließ Gachmuret kein Bleiben im Westen finden. Bevor Parzival geboren wird, ist der Wanderer aufs neue aufgebrochen, um im Osten schließlich den Tod zu erleiden im Dienste des Kalifen von Bagdad. — Entsprang seine

Ruhelosigkeit am Ende seinem Auftrag, Botengänger zu sein zwischen West und Ost, Nord und Süd? Der Keimlegungen vollzieht, aber die Früchte selbst nicht ernten darf?

Durch Gachmuret werden Geschichtsströme sichtbar, in deren geheimnisvollen Mittelpunkt Parzival hineingeboren wird, als hinge von dem Gelingen eines Menschenschicksals Weltenschicksal ab.

Herzeleide, der Mutter, ist das Opfersiegel in die Seele eingebrannt. Am Hochzeitstage stirbt ihr der erste Gemahl. Auch das Glück mit Gachmuret währt nicht lange. Als Parzival geboren wird, ist sie schon Witwe. Wunden-Empfangen durch Verlassenheit und Tod heißt ihr Schicksalsgesetz. Als das Kind Parzival sie verläßt, reißt das Band, das sie mit der Erde verbindet, bricht das Herz. Aber das ist kein Ende. Die Seelenopfer wandeln sich nun in die Kraft der Geistbehütung auf dem Lebensweg des Jünglings.

Einmal, kurz vor Parzivals Geburt, ehe der Bote mit der Nachricht vom Tode Gachmurets kommt, wird der Vorhang für einen Augenblick weggeschoben vor dem Rätsel dieser Schicksalsrune, und wir ahnen, wie das Übermaß der seelischen Verwundung Augen erbildet, durch welche die Hintergründigkeit dieses Geschickes hereinleuchtet.

Von Sternenblitzen umflammt, im Dröhnen gewaltiger Donner, während brennende Tränen auf sie herniederregnen, schaut Herzeleide in Traum-Bildern, wie sie Wesenskräfte opfern muß, damit Par-

14

zivals Sendung gelingen kann: Ein Greif packt ihre rechte Hand, ein Drache saugt an ihrer Brust und reißt ihr im Entfliehen das Herz aus dem Leib. — Das kann nur eine starke Individualität sein, die zu solch einer Hingabe eigener Wesens- und Lebenskräfte ausersehen ist! Dieses Opfer blutet die Substanz des Christentums in das Werden des Sohnes hinein.

Der Mensch — nur ein Staubkorn im Weltall? Um den sich kein Gott kümmert? Sorgsamer kann kein Samenkorn in die Erde gebettet, von Himmelskräften genährt und Gärtnerhand gepflegt werden, als das Erscheinen dieses Menschenkindes vorbereitet wird. Das heißt nicht, daß es der Schicksalsnot ferngehalten wird. Das heißt nur: Diese Not ist Erwählung und nicht Zufall oder Strafe.

Das eingeborene Ziel

Eines Tages muß man gehen

Was für ein weiter Weg ist das, bis eine Menschenseele auf der Erde erwacht! Mag sein, daß erst der Todesaugenblick den Einklang mit sich selbst schenkt. Aber was heißt schon: früh oder spät?

Das Kind Parzival wächst heran, abgeschirmt von der Welt, eingehegt in die Dichte des Waldes, beschützt von der Mutterliebe. Sorgfältig wird jeder Schmerz ferngehalten. Wie ein Paradiesesnachglanz webt sich ein Traumschleier über die Kindheit. Wir wissen — dieser Versuch, das Kind vor der Schicksalsverkettung zu behüten, muß scheitern. Mit Notwendigkeit. Denn die Selbstfindung des Menschen kann sich nur in der Auseinandersetzung mit der Welt, in der Begegnung und Reibung mit anderen Menschen vollziehen. Einmal muß jede Mutter ihr Kind ziehenlassen, und es ist gut, wenn sie den rechten Zeitpunkt erkennt.

Eine innere Unruhe kündigt den Aufbruch an. Der Anblick der im Wald versprengten Artus-Ritter trifft das bereite Gemüt wie mit einem Blitzstrahl plötzlicher Erhellung. Das Bild der aufrechten Ge-

16

stalten, hoch zu Roß im glänzenden Harnisch, wird für einen Augenblick transparent für Bilder aus der Geisteswelt. Die in den Himmeln gefaßten vorgeburtlichen Entschlüsse melden sich im Inneren. War es dies, was sein Ich sich vorgesetzt hatte, hier zu tun: ein Streiter für das Licht zu werden? Das eben heißt doch — ein Ritter sein. Aber das sind keine Verstandesüberlegungen, das spielt sich in viel tieferen Wesensschichten ab.

Diese Begegnung lenkt Parzival auf die Spur seines Schicksals. Und das ist unaufhaltsam und unabänderlich. Das duldet keinen Aufschub. Der Mensch *muß* seinen Erdenauftrag erfüllen, auch wenn er andere dadurch verletzt. Parzival schaut nicht zurück, als er die Mutter verläßt. Er weiß es nicht, daß er sie durch diesen Aufbruch tötet. Würde es anders sein, wenn er es wüßte?

Alle Handlungen, die er jetzt vollbringt, sind dadurch gekennzeichnet, daß er nicht weiß, was er tut. Aber er muß sie tun! Schicksale vollziehen sich, die von weither veranlagt sind. Er verursacht den Tod der Mutter — und weiß es nicht. Eine Frau, Jeschute, wird durch sein törichtes Verhalten in Not und Elend gebracht — er weiß es nicht. Zum ersten Male trifft er Sigune, die Jungfrau mit dem toten Bräutigam im Schoß. Sie fragt ihn nach seinem Namen — er weiß ihn nicht.

Verkleidet, maskiert »ein Narr — der Held«, so beginnt Parzival, beginnt jeder Mensch seinen Weg. Es ist noch nicht zu sehen, wer man ist. Dein Name?

Wer könnte — wer dürfte ihn je selber sagen! Diese Antwort müssen andere Menschen geben. Von Sigune erfährt er seinen Namen: Du bist Parzival, das heißt — mitten hindurch.

Und doch lebt in dem Toren, dem Unwissenden etwas, das ganz genau weiß, das ihn zielsicher dahin führt, wohin er muß — an den Hof des Königs Artus.

Schuldlos — schuldig

Warum muß das sein, daß sich auf dem Weg zum hohen Ziel die Schuldsteine häufen? Von dem Toren in unschuldiger Unwissenheit hingeworfen. Geblendet von der Überhelle des ersehnten Zieles, verfängt sich der eilende Fuß in dem Wirrsal der Verhängnisse, die sich immer dichter knoten. Das Gemüt jedoch weiß gar nichts davon. Schuldtaten des Unschuldigen! So bildet sich Schicksal.

Sicher führt der eingeborene Trieb Parzival an den Hof des Königs Artus. Die in fast spöttischem Mitleid mit dem hellen Eifer des närrischen Knaben hingeworfene Aufforderung, Herrn Ither, den roten Ritter, zu bekämpfen, ist dem Verlangen, einer Rüstung habhaft zu werden, nur zu willkommen. So schnellt es ihn zur unheilvollen Tat. Unkundig der Gesetze des ritterlichen Zweikampfes, besessen nur von dem Wunsch nach der Rüstung, bringt Parzival Herrn Ither, der noch meint, die täppischen Angriffe mit lässiger Hand abwehren zu können, kurzerhand um. Aber seine Seele weiß nichts von dem Mord. Blindlings zerrt er dem toten Mann die Rüstung ab und legt sie sich selber an — über das Narrenkleid! Jetzt ist er selbst der rote Ritter; aber noch schützt ihn die Narrenmütze vor der eigenen Verantwortung seiner Taten. Noch braucht er sie nicht auf die eigene Kappe zu nehmen.

Der Genius Parzivals kann sich vorerst nur durch die Hülle der Seelenkräfte ausdrücken, die im Blute sprechen. Diese Kräfte sind ihrer Natur nach gesetzlos. Das Ich vermag den Schleier des Blutes, der sein Auge trübt, noch nicht zu durchdringen mit der Kühle des besonnenen Geistes. Die nur dem Blute gehorchende Kraft ist immer ruchlos, weil sich gerade im Blut das Ego eingenistet hat, das kein anderes Gesetz kennt als sich selbst.

Die rote Rüstung schließt Parzival in den Bann des ausschließlich selbstbezogenen Erlebens ein. Das ist noch keine persönliche Schuld, vielmehr die Folge der Sündenkrankheit, die uns sondert von Gott und vom Miterleben dessen, was der Nächste bei unserem Tun erfährt. Wenn Parzival in lebenslanger Mühsal die Frage nach dem Erleben des anderen gelernt hat, wird ihm das Auge für den Gott im Menschen aufgehen — wird er Gralskönig.

Ins Äußerste gesteigert wird in den Bildern vom Kampf mit dem roten Ritter sichtbar, was durch alle nur selbstsüchtigen, vom Ego diktierten Taten geschieht. Wir alle sind Mörder in einem sehr subtilen Sinn. Erst wenn wir die Tatenfolgen für andere in unser Bewußtsein aufnehmen, beginnt das Ich aufzustrahlen. Am Schluß wird Parzival die weiße Rüstung tragen.

Aber wir werden sehen, daß die in unwissender Unschuld hingeworfenen Schuldsteine wichtig sind und zu Wegsteinen werden auf dem Pfad der Ich-Findung, der Wanderung zum Gral.

Die Belehrung

Wer ich bin und was ich soll, weiß das nur das eigene Innere, oder könnte mir auch die Umwelt darüber Auskunft erteilen? Welt und Mensch — zwei einander ergänzende Hälften im wechselseitigen Frage- und Antwortgebot. Vielleicht haben die führenden Mächte die reiche Fracht des Schicksals vor Betreten des Erdenplanes auseinandergelegt und den einen Teil in die Seelentiefen des Menschen versenkt, den anderen jedoch in weitausholender Gebärde in die Welt verstreut. Und nun muß man wandern, rastlos, ein Leben lang, bis man sich selbst in der Welt wiedergefunden hat.

In drängender Eile reitet Parzival weiter. Es ist wie ein Sturmritt in das Leben. Doch haben sich bereits Gewichte an seine Füße gehängt, Gewichte, von denen seine Seele nichts weiß, die aber dennoch den Schritt verlangsamen. Das Gewölk einer leisen Müdigkeit dämpft die innere Glut, läßt ihn innehalten.

Die erste Pause im Laufschritt des Schicksals: bei Gurnemanz, dem weisen Alten. Die Erfahrung und Reife nicht nur eines Lebens, sondern die Früchte eines langen Menschheitsweges werden ihm in der

Belehrung durch den Ritter zuteil. Und er ist ihrer bedürftig; will er nicht dem Wahn verfallen, er müsse mit dem Morgen seines Lebenstages die Schöpfung überhaupt erst beginnen. Der Schleier der Tumbheit wird durchsichtiger, nun er in die Schatztruhe edelster Menschheitstugenden hineinblicken darf.

Im rechten Augenblick trifft den der Erziehung Entlaufenen das Zauberwort »Selbsterziehung«, ungeahnte Schöpferkräfte weckend. In der »Kunst der Güte«, die Gurnemanz lehrt, sind wir als bloß natürliche Geschöpfe nicht bewandert. »Mut« und »Barmherzigkeit« sind keine Gattungsmerkmale; wohl aber bezeichnen sie die Würde, zu welcher der Mensch aufsteigen kann. Das schrankenlose Sich-Ausleben hat nichts mit Selbstverwirklichung zu tun. Beherrschung der Kräfte, nicht durch Zwang, sondern aus freier Einsicht, bewirkt die Stärkung des Ich-Kernes. Alle Emotion, die sich nicht entlädt, bildet im Innern ein Kraft-Reservoir. Jeder Wunsch, der erfüllt werden könnte, den man sich aber versagt, macht nicht etwa ärmer, sondern reicher; er läßt Freiheit erleben. Erhöht der Mensch solche Bemühungen zur regelmäßigen Übung, so hat er das Werkzeug gefunden, mit dem er den geistigen Menschen aus sich herausmodellieren kann.

Gurnemanz öffnet dem noch in sich befangenen Toren zugleich die Augen für die Welt. Der vielgeschmähte Rat, sich der Frage zu enthalten, muß im

Zusammenhang gesehen werden. »Gebrauchet alle Eure Sinne, daß Ihr des Wahren werdet inne.« — Bevor die Reiche des Übersinnlichen sich erschließen können, müssen die Wunder des erdhaften Sinnesbereiches geschaut werden. Der Weg geht mitten hindurch. Für den jungen Menschen, dessen Seelenkleid die Farbe des Blutes trägt, ist die Erweckung der Sinne für die Umwelt *die* Heilung. »Und durchs Auge dringt die Kühle sänftigend ins Herz hinein« (Goethe). Nicht in einem nebulosen Jenseits — im mählichen Durchsichtigwerden des Erdenleibes schimmern die Lichtkristalle und Goldspuren des himmlischen Jerusalem durch.

Der so Belehrte kann und muß jetzt sein Narrenkleid, das er noch unter der Rüstung trug, ablegen. Nun wird er seine Taten auf die eigene Kappe nehmen müssen, verantwortlich für sein Handeln.

Finden und Abschied

Parzival auf dem Wege zu sich, zu seinem Ich! Eine
Seele folgt ihrem Schicksalsstern die vor- und einge-
schriebene Bahn, bis sie die ihr zugehörige Menschenseele trifft. Und jetzt zeigt sich: alles war Vor-
bereitung, Hinführung zum Augenblick der Begegnung.

Der da reitet und reitet, traumwach, wachträumend
— ahnt er, daß erst die andere Seele sein Ich in ihm
erwecken wird? Dieses Treffen ist Schicksal, das die
davon berührten Seelen in einen erhöhten Bewußt-
seinszustand versetzt, in dem sie sich selbst und die
Welt neu erleben. In empfindlichster Wachheit des
Gemütes vollzieht sich doch alles wie ohne eigenes
Zutun, als folge man einem vorgezeichneten heiligen Spiel.

Die Begegnung ist unausweichliches Gesetz, Vollzug
der im Vorgeburtlichen gefaßten Beschlüsse. Bis hierher wurde er geführt. — Ist die innere Atemstille
deshalb so voller Augen, weil in diesem Moment die
leitenden Wesen wieder in den Weltenhintergrund
zurücktreten und nun das ungeheure Gewicht der
Freiheit sich den noch zaghaften Händen anver-
traut? Alles an dieser Schwelle, wo altes in neues

Schicksal übergehen will, schaut und blickt in laut-
loser Frage: Was tust du jetzt?

Gurnemanz hat dem jungen Helden den Sinn für
die Umwelt geöffnet. Jetzt sieht Parzival die Not
der von Feinden bedrängten Königin, der jungen
Kondwiramur. Sofort bietet er seine Dienste an.
Sein Mut und seine Umsicht schaffen Hilfe. Der
Anblick Kondwiramurs entbindet neue Kräfte
in ihm, steigert und festigt ihn in Wesensschichten,
die bis dahin noch schliefen. In der Entfernung, die
Ehrfurcht und Scheu zwischen sie legen, erscheint
sie ihm umstrahlt vom Glanz ihres himmlischen Ur-
bildes, makellos. Erstes wunderbares Zueinander-
Hintasten und Sich-Erfassen im Geistraum der
Nacht, da jeder leidenschaftliche Wunsch noch Ent-
weihung wäre; langsames Erwarmen und Erglühen
der Seele, die sich umschmilzt zum Gefäß für die
Geliebte.

Welch ein Geheimnis, daß das Ich in der Hingabe
an den Menschenbruder erwacht! Die Versenkung in
das eigene Innere läßt uns bloß des Spiegels ansich-
tig werden, der das Leuchten des Ich-Sternes zu-
rückwirft. Ihm selbst nähern wir uns nur, wenn
wir es wagen, das Spannungsfeld des Schicksals zu
betreten, und uns seinem Schmelzfeuer aussetzen.

Erst durch die Liebe-Fähigkeit, die nicht mehr sich
selbst, sondern das Wachstum des anderen will, rei-
fen wir langsam zum Mysterium des Christentums
heran. Das ist ein Mysterium höchster Liebe, die
zur Kraft wird, »Nicht-Ich« sagen zu können, und

dadurch der Einwohnung des höheren Ichs, des Christus, erwürdigt wird.

Warum verläßt Parzival seine junge Frau sogleich? Wohnt dem Bund keine Treue inne? — Erfüllung heißt nicht Sättigung; Finden ist nicht etwa Beharren und Sich-Einrichten im Häuslichen. Treue wird oft mit Festhalten verwechselt und meint doch vielmehr Freilassen und Sich-Aufschwingen zu immer neuem und höherem Erfassen. Das Ich ist ein Lebendiges, in Werdeknoten Wachsendes, dem man nur dann die Treue bewahren kann, wenn man den Dauergrund in flüssiger Bewegung hält. Wer sich übt, Abschiede in Freiheit zu gewähren, der wird erfahren, daß er dem goldenen Rund des Ewigkeitsbundes nie entfallen kann, der um so dauernder erglänzt, je weiter man ihn spannt.

Führung durch die Toten

Ein Mensch ist angekommen auf der Erde, ist im Du zu seinem Ich erwacht, hat ein Reich zu verwalten und obliegt seiner Pflicht in Weisheit und Milde. Die süße Frucht des Glücks hat sich ihm geschenkt und taucht seine Seele in blankes Licht.

Aber die Unruhe hält das innere Uhrwerk seines Lebens wach. Dies ist noch nicht alles. Die Fülle ist nur Vorhof. Bisher, da alles noch im Gehorsam der verläßlichen inneren Stimme zu finden war, konnte die Frage nach dem Sinn des Daseins noch nicht gestellt werden. Nun aber hat die Erfüllung einen neuen Quellgrund im Lebenslauf entstehen lassen. Hier ist noch kein Bleiben, kein Wohnen in der Dauer. Der Bereich des Sinnenhaften ist erkannt und durchliebt; aber erst das Gewahrwerden der Idee in der äußeren Wirklichkeit, die Einverleibung geistiger Kräfte macht den Menschen zu einem Mitarbeiter Gottes im irdischen Tatenfeld. Der innere Stillstand, das Beharren im Erreichten, das Festsetzen am Standort, der doch als Schwelle gemeint ist, hieße Tod, was auch immer die Skala des Erfolges noch an Würden zu verleihen hätte.

Das innere Gesetz erheischt einen neuen Aufbruch,

verlangt den schweren Abschied von Kondwiramur. Parzival geht nicht fort, um den Gral zu suchen, sondern um nach der verlassenen Mutter zu sehen. Die Erinnerung führt ihn vorwärts. Die Stimme einer Verstorbenen spricht in seiner Seele, und Parzival hört sie. Aus dem Reich der Toten führt Herzeleide ihren Sohn auf den Weg zum Gral.

Eine neue Schwungkraft des Geistes hat sich erbildet und trägt ihn wie im Fluge (»schneller als ein Vogel fliegt«!) in den Bereich der Gralsburg, ohne daß er es weiß. Der Abend ist hereingesunken, löscht das Taglicht aus. Ist es von ungefähr, daß ein Wasser die Burg umströmt? Hier, am See Brumbane, gilt es, sich abzustoßen vom festen Tragegrund der irdischen Realitäten und sich der Weisung des Fischers anzuvertrauen.

Was ist das für ein geheimnisvoller Fischerkönig, dem Parzival an dieser Grenze begegnet, da alles Botschaft, Austausch ist zwischen Hüben und Drüben? Ja, wir wissen, es ist Amfortas. Aber hinter ihm wird im Unsichtbaren noch ein anderer Fischerkönig erkennbar, der seine Netze auswirft in den Nachtgewässern des Weltenmeeres und wartet, daß darin ein Fang erglänze aus den Seelengründen des Menschen, davon die Engel sich nähren können!

In der Nacht betritt Parzival die Gralsburg, die sich zu seinem Empfang hinerbaut, ihm ein Wunder über das andere öffnet. Wie sich ihm alles zuneigt in Schenkung und Erwartung! Bilder erscheinen, wie durchsichtig für geistige Urbilder. Bilder, die als

Fragen in seine Seele hineintauen und die er nur mit Verstummen beantworten kann.

Die Innenräume füllen sich mit Gestalten. Der Fischerkönig wird hereingetragen. Er ist verwundet, man bettet ihn an das wärmende Feuer. Wehklagen gellt durch die Halle, als die Lanze, von der das Blut fließt, in schnellem Lauf vorübergetragen wird. Vierundzwanzig geschmückte Jungfrauen schreiten herein und bilden einen Kreis um die, welche wie eine sonnenhafte Königin erstrahlt, tragend »des Paradieses Preis, des Heiles Wurzel, Stamm und Reis, das war ein Ding, genannt der Gral«.

Was Parzival nun schaut als wunderbare Speisung, vollzieht sich auf einem Hintergrund farbenflutenden Reigens. Da bieten sich goldene Wasserbecken an und wollen, daß man die Hände darin wasche. Da flammt Balsamfeuer in Glasgefäßen. Da öffnen sich Wände und lassen Tafeln sichtbar werden ohne Zahl und ohne Ende. Und die Speisenden alle empfangen Brot vom Gral. Was ein jeder begehrt, das wird ihm zuteil.

»Dem Gral entquillt ein Strom von Segen.« Ein Schwert, dessen Griff als ein blutroter Rubin glüht, wird dem Schauenden gegeben. Ob das Schwert ihm den Mund zur Frage öffnet? Aber was soll er fragen, da alles doch ihn fragt?

Dann verlöschen die Bilder. Den Morgenschlaf durchziehen schwere Träume, Boten kommenden Leides. Und das Erwachen stößt ihn aus der Burg, zurück in eine Welt, die ihn fremd anschaut.

Lebensgesetze

Wenn in Geschehnissen des Lebens Urbilder auf-
glänzen, wird eine Biographie symbolisch. Sie zeigt
Ordnungen und Figuren, wie von einem geistigen
Prägestock eingraviert, der Gültigkeit hat für
Schicksalsläufe überhaupt.

Wir gehen sicher nicht fehl, wenn wir uns Parzival
in dem Lebensalter vorstellen, das die Jugend in das
Mannesalter überleitet; diese einschneidende Zäsur
um die Wende des 28. Lebensjahres, die ein Ende
und einen Anfang zugleich umschließt.

Nach und nach wird der Boden in der mitgebrachten Schatztruhe sichtbar. Die Mitgift, die jeder
Mensch im Leben geschenkt bekommt, ist aufge-
zehrt. Die natürlichen Begabungen haben sich ver-
braucht. Längst ist die innere Stimme verstummt,
die befahl, was man tun sollte. Jetzt geht nichts
mehr von selbst. Zwar ist das Lebenshaus gebaut
und eingerichtet — aber was soll nun darin geschehen? Wer aufmerksam ist, wird beobachten, wie
an dieser Wende, die nicht auf ein Jahr festzulegen
ist, sich der Vorhang vor der geistigen Welt für
einen kurzen Augenblick hebt und, fast wie im

Traum, ein Zukunftsbild ahnen läßt, an Forderung und Verheißung gleich groß.

Parzival schaute den Gral — und schaute ihn nicht. Welch mühseliger, weiter Weg wird das sein, bis das Geoffenbarte in seinem Bewußtsein erkannt ist und sein Wollen durchstrahlt! Bis der irdische Mensch mit dem geistigen Menschen zur Deckung gekommen ist! Bislang hat der Genius über seinem Haupte ihn noch geführt. Indem er ihn freiläßt, taucht die himmlische Bildwelt in verborgene Wesensschichten unter. Aber nie geht sie verloren.

»Ihr müsset von neuem geboren werden!« Das Geheimnis der Wiedergeburt klopft an! Durfte bisher noch alles unter dem Gebot der Selbstverwirklichung stehen, so verlangt die Reife der Lebensmitte, daß man die freiwillige Selbstentäußerung erlerne. Von jetzt ab gilt die Frage: Was wirst du beim Tode zu geben haben an Selbst-Erworbenem, Neu-Errungenem? Die bei der Geburt mitgebrachten Fähigkeiten interessieren nicht mehr. Wo ist das Saatgut für die Zukunft? Nun erst wird das eigentliche Spannungsfeld des Schicksals mit seinen Kämpfen betreten.

Vielleicht sind es gar keine feindlichen Mächte, die das eben erbaute Gehäuse wieder zerbrechen und vor die Notwendigkeit eines völligen Neubeginns stellen? Manchmal kommt einem etwas von außen zu Hilfe, uns zu lehren, was innerlich allemal zu vollziehen ist: die völlige Umschmelzung des Wesensgefüges. Es ist viel gewonnen, wenn man sich den neuen Duktus, der für diese Epoche charakteristisch ist, selbst zu eigen machen kann: Geht es der Natur entgegen, geht es gerade recht!

Von Natur aus sind die Gefühle unserer Seele selbstbezogen. Die Schmerzen, die das Leben uns zufügt, wollen den Egoismus verbrennen und das Gefühl von der Selbstliebe zur Menschenliebe erweitern. — Die Widerstände, die sich unserem Willen in den Weg stellen, stauen den Strom des sich selbst durchsetzenden Eigenwillens, der nur zu leicht anderen schadet. Die gedämmte Flut wird jedoch vertieft und erweitert zu einem Ruhe-Gewässer, in dem sich nun die Gestirne spiegeln. Langsam, langsam wandelt sich der Eigensinn in die Kraft der Ergebung, die eine übergeordnete Weisheit einzubeziehen vermag.

Von selbst würden wir das schwerlich lernen. Die Naturkräfte sind anders geartet. Innere Schulung und die Erziehung durch das Schicksal müssen uns helfen. — Das Gelingen des Lebens hängt aber davon ab, ob der Mensch durch die Ausweitung seines ganzen Wesens die ihm zugedachten übersinnlichen Fähigkeiten in seine Handhabung bringt. Dann wird auch das Denken sich von den intellektuellen Zwängen befreien und die fixe Gescheitheit zu einem Tastorgan umbilden, das Geistiges berühren kann. Die Frage nach dem Gral erwacht.

Von jeher war die Erweckung des inneren Menschen mit Prüfungen verbunden. Das geschah in alten Zeiten mit den dazu Auserwählten in den

Mysterien. Heute vollzieht das Schicksal solche stufenweisen Metamorphosen an jedem, der es will. Eine Umgehung dieses Läuterungsweges ist verhängnisvoll (wie der Mißbrauch von Rauschgift und Drogen, der Rückfall in atavistische Praktiken, deutlich zeigt), weil die Aneignung übersinnlicher Erkenntnisse ohne die dazu erforderliche moralische Reife die Persönlichkeit ruiniert anstatt sie zu steigern.

Als die wunderbaren Traumgesichte auf der Gralsburg erloschen sind, senkt sich ein tiefer Schlaf über Parzival. Aus ihm erwacht er mit dem Vorgefühl, daß ein schwerer Weg auf ihn wartet. »Kommend Leid« hat seine Schatten vorausgeworfen.

Zuerst werden die Ereignisse nach dem Verlassen der Burg rückläufig. Wieder trifft er, wie nach dem Aufbruch von der Mutter, Sigune, die jungfräuliche Witwe. Die Pietà an jeder Station seines Weges!

Einstmals, in Ägypten, war die trauernde Isis die Initiatorin einer ganzen Kulturepoche, mit ihrer Klage zur immer neuen Suche des verlorenen Gottes anfeuernd. — Das Bild der Gottesmutter, deren Seele ein Schwert durchdringt, gehört auch zum christlichen Einweihungsweg. Nur kleidet es sich heute für den, der es bemerken will, in die Unauffälligkeit schlichter Lebensbegegnung. Das ist kennzeichnend für das Wesen der modernen Mysterien. Das wiederholte äußere Treffen kann zugleich einen inneren Anruf bewirken. Da ist etwas, was verlorengegangen ist, ja, das erlöst werden muß!

So wie der Knabe bei der ersten Begegnung mit Sigune erfuhr, wer er ist — so erfährt er jetzt durch sie, wo er war und daß alle Not auf seine Frage gewartet habe. Die herben Worte zerreißen jäh die Wolke, die sein Gemüt gefangenhielt. Der Schmerz fährt schneidend in seine Seele — scharf, aber weckend.

Zum zweitenmal im Leben stößt er auf Jeschute, die durch seine Torheit in große Bedrängnis geraten war. Er trifft auf die Folgen seiner Taten. Das ist Härte und Gnade zugleich! Denn das Schicksal gewährt ihm die Möglichkeit des Ausgleichs, der Wiedergutmachung schon jetzt und hier. Er kann dem zürnenden Gatten ihre Unschuld bezeugen und die ins Elend Gestoßene mit dem auf der Gralsburg empfangenen Mantel umhüllen.

An wie viele Aufgaben werden wir unter den verschiedensten Vorzeichen immer wieder herangeführt, bis wir sie endlich gelöst haben. Das Gesetz der geheimnisvollen Wiederholungen! Wer es beachtet, kann manche Sühne und Heilung bereits in diesem Leben vollziehen oder wenigstens veranlagen.

Als das Bild Kondwiramurs in Parzivals Seele wieder auftaucht, werden wir auf ein weiteres Schicksalsgesetz aufmerksam. Auch Lebensgemeinsamkeiten sind Prozessen unterworfen, die sich in Rhythmen vollziehen. Gewiß ist dem natürlichen Menschen der Trieb eingeboren, festzuhalten und das einmal Erlebte zu bewahren. Aber Stillstand ist Rückschritt. Und jedes Stehenbleiben wäre unerbittliches Ersterben. Will sich ein neuer Werdekreis erschließen, so muß sich das bisher Entfaltete wie bei der Pflanze wieder in einen Knoten zusammenziehen, und das bedeutet zunächst Verarmung und Verlust. Diese Momente sind gefährlich. Denn die Verführung ist groß, den Wachstumsknoten als Abschlußpunkt aufzufassen.

Hier zeigt sich, daß die Kraft der Geduld wichtigster Einschlag im Gewebe des Schicksalsteppichs bedeutet. Und Hoffnung ist wie das Vorauswerfen des Ankers in den noch unsichtbaren Grund. Dann kann das, was auf einer Stufe wie verlorenging, auf einer nächsten sich als Gewinn schenken.

Parzival hat, dem inneren Gesetz gehorchend, Kondwiramur verlassen müssen. Schmerzen wurden durchlitten. Nun tasten sich die Seelen aufs neue zueinander hin. — Im maiengrünen Wald ist Schnee gefallen, Schnee, der sich vor den Augen des einsamen Reiters durch drei Blutstropfen eines verwundeten Vogels rötet. Dieser Anblick zaubert das Bild der Geliebten vor seinen inneren Blick. Die Sinneswahrnehmung steigert sich zur Imagination, die nun das geistige Urbild der Gemahlin in vertiefter Liebe erahnen läßt.

Im Zustand dieser Entrückung, die Raum und Zeit vergessen läßt, trifft ihn der Ruf zur Tafelrunde des Königs Artus.

Die eisernen Notwendigkeiten

Ein Hoch-Ziel des Lebens ist erreicht. Denn dies war es doch, was ihn mit aller Macht aus dem geschützten Kindheitswald hinausgetrieben hatte: ein Ritter im Dienste des Königs Artus zu werden. Bis hierher führt das vorgesetzte Ziel, der eingeborene Entschluß. Aber die Schicksalsmächte haben weit mehr mit ihm vor! Sie müssen sich jedoch der härtesten Meißel bedienen, um aus dem spröden Stein die Gestalt herauszuschlagen, die allein zum Mitarbeiter Gottes tauglich ist. Der Weg vom Artusritter zum Gralsritter ist steinig und lang.

Verehrt und gefeiert sitzt Parzival in der Tafelrunde des Königs Artus. Die Maienzeit webt das geistige Bild pfingstlicher Gemeinschaft mit ihrer Aussendungsvollmacht über den Ritterkreis. Zum ersten Male darf er sich in den Mantel warmer Freundschaft gehüllt fühlen.

Da trifft ihn die volle Wucht eines unverständlichen, ihn grausam dünkenden Geschicks. Kundrie, die Gralsbotin, reitet in die Versammlung der festlich Gestimmten und tut vor aller Ohren sein Versagen auf der Gralsburg kund. Er, der selbst sein Versäumnis noch gar nicht recht weiß, muß nun hören, daß die ganze Tafelrunde durch seine Anwesenheit entehrt sei.

Furchtbar sind Kundries Worte, schrecklich ihr Anblick. Eine Grimasse abscheulicher Häßlichkeit, die menschlichen Züge ins Tierische verkehrt, läßt sie jeden, der sie sehen muß, schaudern. Nachdem sie ihre Anklagen und Verwünschungen in den entsetzten Kreis geschleudert hat, reitet sie fort nach Schastel-Marveil, dem Bereich Klingsors. Zum ersten Male taucht das ins Böse verzerrte Gegenbild der Gralsburg auf.

Mit der Gestalt von Kundrie blickt uns ein Rätsel an. So gräßlich ihr Anblick uns jetzt geschildert wird, als sie Parzival verstößt — so schön und wohlgestaltet wird sie am Schluß erscheinen, wenn sie ihn zum Gral beruft. Wer hat die Verwandlung bewirkt? Ist dieses Wesen von ihm abhängig? Macht sie, als eine Art Doppelgängerfigur, seine eigenen Unzulänglichkeiten und Schwächen sichtbar? Ähnlich wie Rudolf Steiner die erste Begegnung mit dem Hüter der Schwelle schildert, der jedem den Eintritt in die Geisteswelten strenge verwehren muß, der noch nicht reif dazu ist?

Wie auch immer, jetzt verursacht sie seine Ausstoßung. Bislang durfte er sich selbst, seinem eigenen Willen folgen. Nun ist eine Mauer der Unabänderlichkeit vor ihm errichtet, an der sein Wille abprallt. Wie soll er das verstehen? Die Gewalt eines unbegreiflichen, ungerecht erscheinenden Schicksals hat ihn wie mit einem Blitzstrahl getroffen. Er kann sich aufbäumen oder den Versuch wagen, im Sich-hinein-Fügen langsam und mühselig den Sinn zu entziffern.

Parzival tut das letztere. Seine Qual ist übergroß und deshalb stumm. Solch ein Schicksalsaugenblick ist immer gefährlich. Wenn der Lebensstrom auf Felsbrocken aufprallt, bildet sich im Erfangen des Zurückgestauten ein Wirbel. Schäumt das Seelengewässer nur in sich selbst zurück im Gischt der Emotionen — oder kann der Wirbel zur Öffnung für eine geistige Intuition werden? So wie das bewegte Wasser die Konstellation der Gestirne aufzunehmen vermag.

Es zeigt sich: Das nächtliche Gralserlebnis ist unangetastet, leuchtet sogar stärker auf und übernimmt jetzt untergründig die Führung, als er selbst wie ausgelöscht zu sein scheint. Doch als sein neugewonnener Freund Gawan ihm beim Abschied dem Schutze Gottes befiehlt, da bricht das Eis der Betäubung und schleudert die herbe Absage gegen Gott hervor:

> »... Weh, was ist Gott?
> Er hätte wahrlich solchen Spott
> Abgewehrt von unsrem Haupt,
> Wär er so mächtig, wie man glaubt.
> Ich war mit Dienst ihm untertan
> Auf Gnade hoffend, ach, im Wahn!
> Nun gilt's, den Dienst ihm aufzusagen,
> Und hat er Haß, den will ich tragen.«

Diese Abwehr ist wohl im Augenblick die einzige Möglichkeit für das Bewußtsein, sich zu halten und nicht in den finsteren Strudel der widersprüchlichen Schicksalsgewalt hinabgerissen zu werden.

So zieht Parzival fort, aufs neue den Gral zu suchen, einsam, heimatlos, und das Ende der Wanderung ist nicht abzusehen.

»Da wurden Eins zu Zwei«

In diesem Augenblick höchster Dramatik senkt sich
ein Vorhang. Für eine Weile werden Parzivals Wege
verhüllt und ein anderer tritt in den Vordergrund:
Gawan.
Sphinxäugig blickt uns ein Rätsel an.
Der Mensch ist ein vielgesichtiges Wesen. Kaum
glaubt man das eine zu kennen, so wendet sich uns
ein anderes zu. Was sich dem Zugriff der logischen
Ratio entzieht, schmiegt sich mühelos in die Hand
des Künstlers und läßt Bild auf Bild aus ihr hervor-
gehen, buntfarbig und eigenlebig ein jedes, und
doch alle umfaßt von einer Gestalt.
Hat nicht jede Epoche des Lebens ihr eigenes Antlitz? Und muß nicht jemand, der den Pfad zur Ein-
weihung beschritten hat, lernen, in zwei Welten zu
leben? Als Gawan mit den Worten: »Ich und mein
Name will Euch fürder dienen«, Parzival in die Tafelrunde des Königs Artus holte, da wurden in dieser Schicksalsstunde »Eins zu Zwei«. Da schob sich
unmerklich ein neues Gesicht vor, die verwundeten
Züge des anderen gütig verbergend. Gawan ist nur
ein anderer Name für die gleiche Gestalt. Was sich
in der Dichtung wie die Biographie zweier Menschen

ausnimmt, spricht von Geschehnissen, die sich dennoch im selben Lebenshause abspielen, aber gleichsam in verschiedenen Stockwerken. Der Tagesmensch geht durch Zweifel und Atheismus. Der Seelenmensch muß schwere Prüfungen durchmachen, und der Geistesmensch wird entrückt. Seine Reifung entzieht sich dem Blick und bleibt durch lange Zeiträume verhüllt.

Folgen die bunt hingewürfelten Bilder der Gawan-Abenteuer einer geheimen Notwendigkeit? Warum wird er fortwährend in die Geschicke anderer Menschen verstrickt, muß Verleumdungen hinnehmen, für die Untaten Fremder einstehen und zudem noch die verschiedenartigsten Prüfungen der Minne durchleiden?

Wer das Wissen vom Gral, die Frage nach dem Fischerkönig und seiner Wunde lernen will, dessen Seele muß frei werden von der Selbstsucht, dem Stachel des Egoismus. Der Belag der Eigenliebe läßt die Seele nur zu gern sich selbst spiegeln und macht sie blind für alles außer ihr. Erst wenn dieser Belag fortgeschmolzen ist und die Spiegelwände zu Fenstern werden, in welche die Welt hineinschauen kann, wird die Seele selbst-los und sehend.

In den Seelenprüfungen Gawans ist ein Teil der Umwandlung vom Selbstgefühl zum Menschheitsgefühl abgeschattet. Der Egoismus an sich ist ja nichts Verwerfliches. Schließlich muß jeder Mensch, um zum Bewußtsein seiner selbst zu gelangen, sein Ego erst einmal behaupten. Da gilt es, Grenzen zu

ziehen. Aber wir können — und müssen — im
Laufe des Lebens die Grenzpflöcke weiter setzen
und ständig mehr an Welt in das Selbst hereinneh-
men. Erweiterung des Bewußtseins heilt den Egoismus. Ohne ein weltweites Verstehen alles Menschlichen können wir auch das Göttliche, den Menschen-
gott, nicht verstehen, der seine Schicksale an die uns-
rigen gebunden hat.

Durch die mannigfaltigsten Abenteuer wird Gawans Seele dem gütig-gelassenen Menschenverständ-
nis aufgeschlossen. Wenn er schließlich selbst aus-
zieht, den Gral zu suchen, münden seine Wege wieder mit denen Parzivals zusammen, in dessen uns
vertrautes Antlitz jedoch neue Züge eingeschrieben
sind.

Der weite Weg

Nach dieser Pause — keiner kann sagen, wie lange
sie währt — werden die Ereignisse dichter. Es ist
nicht mehr die drängende Eile des jugendlichen
Sturmrittes in die Welt; jeder Schritt setzt ein Gewicht. — Wieder, wie an jedem Weg-Einschnitt, die
Begegnung mit Sigune, der um den toten Bräutigam
trauernden Jungfrau. Aber das Bild der Pietà hat
sich verwandelt. Die Einsame ist zur Klausnerin geworden, die ihre Klage zum Gebet umgewandelt
hat, aus dem Segen für andere erfließt. Parzival
weiß nicht, daß er mit dieser Begegnung bereits im
Gralsgebiet weilt. Ihre Nähe löst seine Stummheit.
Die Qual der durchstandenen Prüfungen meldet sich
zu Wort. Ist die Fährte zum Gral je wieder zu ge-
winnen?
Sigune rät ihm, Kundrie aufzusuchen, die ihr all-
wöchentlich Speise von der Gralsburg bringt. Das ist
ein ungeheuerliches Ansinnen. Wie kann er die suchen, welche die Zertrümmerung seines Glückes be-
wirkte? In der ihm die Abscheulichkeit in Person
gegenübertrat, sei es die eigene oder die eines anderen?
»Wer überwindet, dem will ich zu essen geben vom

verborgenen Manna, und will ihm geben einen weißen Stein und auf dem Stein einen neuen Namen
geschrieben, den niemand kennt, denn der ihn empfängt« (Apok. 2).

Als Parzival sich entschließt, Kundrie zu suchen, da
ist er zum Überwinder geworden, und die Kraft
des bewältigten Geschickes führt seinen Fuß auf die
Fährte zum Gral.

Der da reitet und reitet, Tage und Nächte in der
duftenden Kühle des Frühjahrs — weiß er, daß er
sich der Paßhöhe seines Schicksals nähert?

Nun werden alle Bilder zeichenhaft und lesen sich
wie von selbst. Die Antwort auf die Frage des ihm
entgegensprengenden Gralsritter, wie er hierher-
komme, da doch niemand diesen Bereich betreten
könne, ohne den Tod durchlitten zu haben, kann
ja nur die sein, daß eben dieses bei Parzival geschehen ist.

Das Mysterium des »Stirb und Werde« war von
jeher das Tor zum Einweihungsweg. Das Auge, das
schauen will, muß ungetrübt sein, frei von Verlangen, frei von Kritik, gleichmütig, ein stiller See.
Diese Freiheit ist nur zu erlangen, wenn man durch
das Nadelöhr geht. Hat man es einmal über sich
gebracht, alles loszulassen, wozu ein leiser Ruck des
Bewußtseins vonnöten ist, wie die Berührung mit
dem eisernen Stabe, dann ist ein neuer Blick-
punkt gewonnen. Dieser Ruck ist nicht schmerzlos;
aber sein Gewinn ist kostbar — er verleiht Frieden.
Das Verhältnis zu den Menschen und Dingen ändert

sich; manches vertieft sich, anderes fällt ins Wesenlose. Die Seelenruhe gibt den Ausblick auf andere Bereiche frei.

Wolfram von Eschenbach schildert dieses einschneidende Erlebnis als einen Kampf am Abgrund. Der bisherige Tragegrund des Lebens sinkt fort ins Bodenlose. Wenn das Haltende und Stützende uns von außen losläßt, dann muß der Schwerpunkt im Innern verstärkt werden. Als es Parzival gelungen ist, sich hinüberzuschwingen, reitet er ein anderes Pferd, ein Gralspferd.

In den Mythen aller Völker (das setzt sich bis in die Apokalypse fort) ist das Pferd eine Bildvokabel für die Denkkraft. Da Parzival jetzt ein Gralspferd reitet, wird die langsame Verwandlung seines Denkens sichtbar. — Wie weit der Weg ist, wissen wir nicht. Aber plötzlich geschieht etwas, was das Element des Zeitlosen zu einem bestimmten Fixpunkt gerinnen läßt. Auf seiner einsamen Wanderschaft begegnet er im Walde einer Gruppe von Pilgern und wird von ihnen auf die Besonderheit des Tages aufmerksam gemacht.

Viele Räume sind durchschritten, nun tritt der Zeitenleib der Erde vor die innere Anschauung. Die Gestirne zeigen den Karfreitag an, gemahnen an den Gott, der sein Leben mit dem Jahreslauf verbunden hat. Er ist der Herr der Zeitenkreise.

In diesem Augenblick vor Ostern, wenn Sonne und Mond, die Zeiger der Jahres-Uhr, die Stunde angeben und im Leben der Erde das Ostergeschehen geistig wieder herangeholt wird, mischen sich in die Gebärden der Natur noch andere Züge, als wollten sie sich zu einem Antlitz formen, das durch den Schleier der Elemente blickt. Für einen flüchtigen Moment wird die Sternenschrift wieder zur Götterschrift und weist Parzival dorthin, wo er aus Menschenmund die Gralskunde vernehmen kann.

In bewegenden Worten versuchen diese frommen Menschen die Opfertat Christi in sein Gedächtnis zu rufen. Wenn er auf sein Recht pocht, mit Gott zu hadern, da ihm Unrecht geschehen sei, so möge er des Menschensohnes gedenken, der die größte Untat in Heilkraft umwandelte, indem er sich ihr unterwarf. — Seinen frommen Kinderglauben hat Parzival längst verloren, wie ihn jeder Mensch zunächst einmal verliert. Die staunende Bewunderung für die Offenbarungen des Vatergottes im Raum wird von den Erprobungen durch das Schicksal zurückgedrängt. — Glück und Unglück des Lebens hängen davon ab, ob es dann gelingt, sich dem Sohnesgott zu nähern, welcher der Schicksalsgefährte des Menschen durch die Zeitenläufe geworden ist.

Aber die Vertreter des traditionellen Christentums können ihm die Erfahrung des lebendigen Christus nicht vermitteln. Sie können nur seinen Schritt anhalten und eine tief schlafende Erinnerung wecken. Und diese Erinnerung bewirkt, daß er seinem Pferd jetzt die Zügel läßt und ihm die Führung übergibt. Das ist ein Verzicht und hat, wie jeder Verzicht, wegweisende Kraft. Indem er die Eigenwilligkeit

47

der Gedanken opfert, werden sie zum Einlaßtor für die höhere Weisung. Am gleichen Tag noch, am Karfreitag, wird er zu Trevrizent geführt, dem weisen Einsiedler, der in der Stille des Gebetes einen Ausgleich zu schaffen sucht für die Schuld seines Bruders Amfortas.

Wenn es an der Zeit ist, werden wir zu der Begegnung geleitet, die schicksalaufschließend ist und Schicht um Schicht die Nebelhüllen, wenn sie locker liegen, vom Erkenntnisauge nimmt.

Das Gespräch

»Euren Rat, Herr, ruf ich an ...«
Der offene Fragegrund der Seele, gleich dem umge-
pflügten Acker bereit, einen Samen aufzunehmen —
er ist selten. Zwar klagen die Menschen, daß ihnen
keiner hilft; aber wie oft wird man erfahren, daß
im Grunde nicht Rat gesucht wird, der vielleicht ein
Um-Denken erfordern würde, sondern nur die Be-
stätigung des selbst Gewollten.
Wenn jedoch einer da ist, der wirklich fragt, und ein
anderer, der zuhört mit schweigender Seele, ohne
Zustimmung und Ablehnung, so daß man sich in
den Raum der Stille wie in eine Ohrmuschel betten
kann — dann, ja dann kann das Seltene sich ereig-
nen, daß ein Gespräch entsteht, in das die unsichtbare Gegenwart eines Dritten hineinleuchtet.
»Vor Euch steht ein sünd'ger Mann.« Noch weiß
Parzival gar nichts von seinen Verfehlungen, noch
wähnt er sich schuldlos vom Schicksal verfolgt. Und
doch spricht sich in diesem Eingeständnis das Emp-
finden aus, daß der menschliche Lebenszustand als
solcher nicht mehr heranreicht an das himmlische
Urbild, sich gesondert hat vom geistigen Quellgrund. Dieses Eingeständnis erzeugt die Frage-Not.

Das Gespräch zwischen Parzival und Trevrizent ist kein Gedankenaustausch und alles andere als eine Belehrung. Es hat Zeugungskraft. Die angelehnten Türen der Seele werden geöffnet, unausweichlich und doch behutsam, und das Ich betritt einen neuen Seins-Bereich.

Auf seine Klagen erfährt Parzival, daß Unrecht-Ertragen kein Unglück ist, sondern ein Baustein im Lebenshause, vielleicht einer der wichtigsten, wenn er recht behauen und recht eingefügt wird. — Urmysterien dämmern im Hintergrunde herauf. Nie auszudeutendes Geheimnis: der Kreuzestod auf Golgatha, tiefste Verschuldung des Menschen, wird gleichwohl zum ewig strömenden Segensquell. Christus verwandelt die Schuld in Segen.

Zunächst beantwortet Trevrizent die anklagenden Fragen nicht direkt. Vielmehr wird Parzivals Blick erweitert über seine persönlichen Geschicke hinaus. Er lernt den Menschen in größeren, kosmischen Dimensionen zu denken, eingespannt in kämpferische Auseinandersetzungen hierarchischer Wesen. Der kleine Mensch vermöchte gar nicht, sich gegen Gott aufzulehnen, wenn nicht zuvor der Abfall eines Engelfürsten den Freiheitsraum für das menschliche Geschöpf vorbereitet hätte. Das Aufbegehren Luzifers wird von den himmlischen Mächten geduldet in der äonenhaften Voraussicht, daß nur ein Wesen, welches die freie Entscheidungsmöglichkeit zwischen Gut und Böse hat, ein echter Mitarbeiter Gottes werden kann.

Aber die unguten Taten, die wir nun in der Nachfolge Luzifers verrichten, haben ihre Folgen — nicht nur für uns, sondern auch für unsere Mitmenschen. Und wir reißen die Erde mit hinab in den Sturz. Das ist von Menschen allein nicht mehr zu heilen. Unsere persönlichen Verfehlungen müssen und dürfen wir mit der Hilfe des Christus selbst wieder ordnen und sühnen. Das Unheil aber, das dadurch in der Außenwelt geschieht, ist nur durch einen Zuwachs an göttlicher Heilkraft auszugleichen.

Trevrizent ist ein Mann, von dem man sagen darf, daß die Menschheitsgeschicke sein persönliches Innenleben geworden sind. Ja, mehr noch: er fühlt die Wunden am Erdenleib als die eigenen. So kann er von dem Blute Abels sprechen, das nicht nur Kains, des Mörders, Seele befleckte, sondern das im Hinfließen zugleich die Seele der Erde verletzte.

Auf diesem Hintergrunde vermag Parzival, der sich selbst noch für makellos und nicht der Gnade bedürftig hält, die Tat auf Golgatha erstmals als ein Sühneopfer für die an der Erde begangenen Schulden zu erkennen.

Die Bilder von Schuld und Sühne in ihrem überpersönlichen, kosmisch-menschlichen Aspekt, senken sich in seine Seele, sie leise zur Einsicht in die Wahrheit öffnend, jetzt auch in bezug auf sich selbst.

Nun kommt der Augenblick, daß Parzival den durch ihn verschuldeten Tod der Mutter erfährt. Er hört, daß er in Herrn Ither einen edlen Ritter und zudem seinen nächsten Verwandten umgebracht hat.

— Das braucht keineswegs zu heißen, daß die äußeren Nachrichten davon in all den Jahren nicht schon
zu ihm gelangt seien. Jetzt aber *erreichen* sie ihn
mit ihrer ganzen Tragweite. Wie viel wissen wir,
ohne daß das Gewicht des Gewußten wirklich in uns
gesunken wäre?

In diesem Moment fällt die Binde von seinen Augen. Der sich fleckenlos Dünkende erblickt seine Untaten. Das bewirkt eine ungeheure Erschütterung in
seiner Seele.

Sollten die Schläge und Verfolgungen, die ihn —
scheinbar — zu Unrecht in blinder Willkür trafen,
doch in einem Zusammenhang stehen mit seinen Irrtümern und Schwächen auf einem ganz anderen Gebiet? Das Schicksalsgewebe ist weitgespannt und
konsequenter, als wir gemeinhin glauben! Dann
allerdings wäre Ergebung angemessener als Trotz.

Nach diesem Knotenpunkt hebt sich das Lid vom
schlafenden Auge der Erkenntnis und gibt den Blick
frei in die Weltraumtiefe des Inneren. Die Erinnerung an den verwundeten Amfortas, den siechen
Fischerkönig, taucht auf. Nun er die Wunde in sich
selbst brennen fühlt, erkennt er sie auch am anderen. Es ist die eigene! Die Menschheitswunde.

Aber die Wunde wird zum Erkenntnisauge. Sie bewirkt eine unendliche Vertiefung des Gemütes in
Gründe hinab, wo ihm das Bild des Menschensohnes
entgegentaucht, der alles weiß, alles mit-leidet und
alles sühnt. Jetzt fühlt die Seele das erste zarte persönliche Berührtwerden von der Liebe des Christus.

Er, den die Selbsterkenntnis im Innern wie zer-
schmetterte, erfährt sich dennoch angenommen und
umhüllt von der Gnade des Menschensohnes. Nun
fühlt er, daß er ihrer bedürftig ist. Daß man den
Logos, den Herrn der Erde und den Gott der
Menschheit lieben kann und seine Liebe trinken
darf, diese Erfahrung ist wohl nur durch das
Schmerzensfeuer der Selbsterkenntnis möglich, die
zur Gotteserkenntnis führt.

Als sich in dem Gespräch durch die Einsicht sein
Selbstbewußtsein aus dem Bann der Täuschung befreit und sich mit dem wahren Stand des Ich zur
Deckung gebracht hat, ist der Augenblick gekommen, daß Parzival von seinem persönlichen Schicksal zum Menschheitsschicksal aufsteigen kann.

Die Mysterien vom Gral

In den alten Mysterien war die Erkenntnis höherer Welten mit einem Läuterungsweg verknüpft. Vermehrtes Wissen zieht den Dämon der Macht herbei, wenn die Seele sich vorher nicht durch ein Reinigungsbad der Selbstlosigkeit verwandelt hat. Die Geschichte zeigt uns im Beispiel des Cäsarenwahns die Grimasse erzwungener Einweihungen ohne vorausgegangene Prüfung. Die Biographien dieser Despoten machen außerdem deutlich, wie der Persönlichkeitskern angenagt und die von Bildern überschwemmte Seele zu einem Irrlicht wird.

Am Ende des 20. Jahrhunderts, da in der Geistesgeschichte der Menschheit die Seelen durch die Gewalt der Schicksale an die Schwelle des Übersinnlichen geführt werden, droht die dunkle Macht des Rauschgifts die gottgewollte Möglichkeit abzufangen und das Organ zu zerstören, das allein fähig ist, die Bilderschrift auch lesen zu können — nämlich das Ich. Was das Bewußtsein zu einer neuen Blüte steigern könnte, bewirkt nun durch den Rausch das Verlöschen. Statt der Vertiefung des Menschentums erleben wir sein Zernichtetwerden.

Parzival ist den Läuterungsweg gegangen. Ihm darf

sich zur rechten Stunde das wesenhafte Verständnis der geschauten Bilder in das Ich einschreiben. Die Bilderwolke wird vom Erkenntnisblitz erhellt; und was ihn mit dumpfer Schwere umfing, verwandelt sich in die Kraft der Erleuchtung.

Hier handelt es sich nicht um eine intellektuelle Deutung des Geschauten. In der aufschließenden Sphäre des Gesprächs erwacht in Parzival das Verstehen und erweitert es um die Ein-Sicht des bisher nur in Bildern Erlebten. Da diese Bilderweisheit Menschheitsgeschichte umfaßt, wird das Ich erhöht zum überpersönlichen Bewußtsein.

Wieder taucht das nächtlicherweile in der Gralsburg Geschaute vor dem inneren Blick auf: der sieche Amfortas, die blutende Lanze, der speisende Gral. — Jetzt prallt die Klage der Ritter beim Anblick der Lanze nicht mehr an den Wänden seiner Seele ab; denn er fühlt die Verwundung durch ihren Stich im eigenen Innern. O er wähnt sich nicht mehr frei vom Stachel des Bösen!

Und der kranke Fischerkönig ist kein Fremder mehr, sondern der Menschenbruder, dem er mit der eigenen Not zu Hilfe kommen muß. Als er in seiner Ohnmacht die Gnade der erbarmenden Gottesliebe im eigenen Inneren empfing, wurde zugleich die Menschenliebe in ihm entzündet.

Mögen Schwäche und Irrtum ihn auch noch oft überwältigen und sein Wesen verdunkeln — jetzt schenkt sich auch ihm die himmlische Speise, die sein Bestes, sein wahres Ich stärkt und nährt.

Aber diese Erkenntnisse, die das im Gralsbereich einstmals Erlebte tief in seine Seele einprägen, lassen ihn nun auch — erstmals — das Verwobensein von Menschenschicksal und Gottesschicksal begreifen. Ist es nicht so, daß die menschliche Natur überhaupt durch die luziferische Verführung versehrt worden ist? Sie entspricht nicht mehr dem göttlichen Urbild. Die verletzende Schärfe des Egoismus, durch den zwar das Ich-Bewußtsein erkauft wurde, hat das Blut tingiert und verdunkelt.

Auf Golgatha trat Menschheitsschicksal in die Sichtbarkeit. Der Speer verwundet den Gott, die Lanze trifft den Fischerkönig. Aber die es böse meinten — bewirken das Gute! Denn das göttliche Blut, das auf Golgatha geflossen ist, wird zur heilenden Arznei. Das ist ein real-mystischer Vorgang von überzeitlicher Dauer. Und lautere Gnade! Die dunkelste Bosheit, von jedem immer wieder als stechende Lanze gezückt, erschließt den sühnenden Heilsquell.

Und nochmals sehen wir diese göttliche Verwandlungsmacht. Der glänzende Stein, den Luzifer bei seinem Sturz aus den Himmeln verlor, wird von Christus aufgehoben und angenommen als Abendmahlskelch, der am Karfreitag zur Schale dienen darf, um sein Blut zu empfangen. Wieder: das ist ein real-mystisches Geschehen von überzeitlicher Dauer, das sich dem Zeitenleib der Erde verbunden hat. Dadurch ist die rhythmische Wieder-Einholung dieses Mysteriums alljährlich möglich. Was die Gralsritter schauen, wie sich am Karfreitag eine

Taube herniedersenkt und eine Oblate auf den erhobenen Gral legt und dadurch seine wundertätige Speisungskraft erneuert, ist Wirklichkeit.

Ob der Gral als Schale oder als Stein geschaut wird, es meint das gleiche. Das dem Göttlichen entfallene, von Luzifer getrübte Ich, das ein Zehrendes geworden ist, kann wieder erhoben und zu einem Nährenden werden, wenn es sich durchdringt mit der Kraft Christi: »Wer überwindet, dem will ich zu essen geben von dem verborgenen Manna, und will ihm geben einen weißen Stein, und auf dem Stein einen neuen Namen geschrieben, welchen niemand kennt, denn der ihn empfängt« (Apok. 2, 17).

Die Erneuerung des Grales am Karfreitag geschieht ohne Zutun des Menschen — aus Gnade. Ihn zu schauen, dazu bedarf es der Taufe, das heißt der Durchdringung mit der Christuskraft. Das Wirksamwerden seiner Heilkraft im seelischen Bereich ist jedoch abhängig von dem Menschen. Damit wird ein ur-christliches Geheimnis berührt.

Die Weisheit der Gralsritter überliefert, daß durch neun Jahrhunderte hindurch der Gral von den Engeln behütet, dann aber den Händen der dazu Auserwählten übergeben wurde. Nun fallen nach und nach die Schleier von dem mystischen Geschehen. Durch das Blut Christi wird das unsterbliche Leben der Menschen gerettet, und zwar aller, da wird nicht gefragt nach gut und böse. Amfortas kann nicht sterben, solange er den Gral sieht und sich von ihm nährt.

Aber wer befreit ihn von der Seelen-Qual? Das kann nur ein anderer Mensch! Die Erlösung der Seele hat Christus den Menschen übergeben, die er in den Stand seiner Mitarbeiter erhob. Das ist gebunden an die Frage, die der eine nach dem anderen stellt. Es gibt keine Selbsterlösung. Wir sind einer des anderen bedürftig. Und wenn im gegenseitigen Verstehen, im Mit-Leiden und in der Mit-Freude die Fäden zwischen den Menschen gewoben sind, dann kann sich der Christus dieses Gewebes bedienen als seiner Hülle, um das zu heilen, was Menschenkräfte nicht mehr heilen können.

Mitten hindurch

Die Offenbarung der Christus-Mysterien reißt den
Vorhang vor den Abgründen des Bösen fort. Was
in Höhen erhebt, entsiegelt zugleich die Tiefen.
Welch ein Geheimnis!
Wieder schiebt sich das Gawan-Antlitz vor das Gesicht Parzivals. Aber die Kette der Prüfungen gibt
zuweilen Durchblicke frei auf die Zwei-Einigkeit,
die hinter beider Namen steht.
Der kennt die Welt nicht, der nicht auch hinabge-
stiegen ist in die Schlünde des Bösen. Der Weg zum
Gral führt nicht an der Hölle vorbei, sondern mitten hindurch. So muß Gawan in Klingsors Bereich
eindringen, die unterirdische Zauberwelt von Schastel-Marveil. Vom reißenden Strom umflossen,
taucht das stolze Gegenbild der Gralsburg auf. Fa-
cettenhaft äugen vielhundert blitzende Fenster, hinter denen zahllose Wesen auf ihre Erlösung warten. Als Gawan auf seine teilnehmende Frage hin
vom Schicksal dieser gefangenen Frauen erfährt,
reift in ihm der Entschluß zur helfenden Tat.
Er betritt das Zauberschloß, steigt hinunter in die
Gemächer, angefüllt mit unheimlicher Leere. Auf

spiegelglattem Estrich rollt ein Bett in sausender Fahrt hin und her.

Die Märchen und Mythen der Völker schildern diese dunklen Tiefen, die jeder Mensch auch in sich trägt, alle in den gleichen Bildern. Wem der Teppich der Sinneswahrnehmung durchsichtig wird, der taucht in eine Welt hin- und herwogender Elementarkräfte ein. Diese Kräftewelt, die alle Lebensbereiche durchdringt, ist in ihrem Fluten und Schäumen an sich jenseits von Gut und Böse, wenn sie in den Tiefen des Unbewußten gehalten wird. Hebt sich jedoch der Deckel von dem brodelnden Abgrund und steigen die Kräfte in das Bewußtsein auf, so können sie den Menschen zerreißen.

Es gibt nur eine Rettung: sich behende auf dieses hin und wider rasende Ungeheuer zu werfen in der Kraft des eisengestählten Mutes, den Schild über sich zu halten in äußerster Wachsamkeit und die Hilfe Gottes herbeizurufen. Das bringt den Aufruhr zum Stillstand.

Auch der Kampf mit dem Löwen ist nur zu bestehen, wenn Mut, Furchtlosigkeit, Geduld und Demut das siegende Schwert schmieden, »denn wer da nach dem Grale fährt, der breche Bahn sich mit dem Schwert«.

Das ist jedoch keine äußere Waffe, und das Schlachtfeld liegt im eigenen Inneren.

Gawan muß in diesem schwarzmagischen Ring Taten der weißen Magie vollbringen. Im Dienst des eigenen Selbst vermöchte er das nie, nur im Dienste anderer, die auf ihre Erlösung warten. Für sich könnte er all diese Proben nicht bestehen. Jedesmal ist die letzte Kraft herausgefordert, die ihn an den Rand des Todes bringt. Allein die Liebe verhilft ihm zu dieser Kraft und holt die göttliche Verstärkung herbei. Dann werden die von Klingsor in Bann geschlagenen Seelenkräfte befreit.

Aber die Prüfungen sind nicht zu Ende. Mit Orgeluse, der geliebten Frau, reitet Gawan durch Klingsors Wald, den ein tückisches Gewässer voller Untiefen durchströmt. Wird es ihm gelingen, die »grause Furt« zu überqueren und am jenseitigen Ufer das Reis von einem Baum zu pflücken, aus dem er den Kranz der Tugend, die Krone der »Werdigkeit« flechten kann? Wieder gilt es den Einsatz des Lebens.

Die Krone der zwölf Tugenden, Abglanz der Sterne, mit der sich die Seele schmückt! In der Offenbarung des Johannes wird sie dem verheißen, der sich vor keinem Leid und keinem Diabolus fürchtet, der die Treue bis in den Bereich des Todes trägt.

Es ist heute an der Zeit, daß wir die Mächte des Bösen kennenlernen. Denn — nicht nur mit dem Tod, auch mit dem Bösen ist uns die Auseinandersetzung aufgegeben: dem Tode das Leben, der Hölle die Liebe zu entringen. — Dante beschreibt in der »Göttlichen Komödie« einen damals wohlbekannten Tatbestand: wie sich im Erd-Inneren die Schichten des Bösen zusammenballen, gleichsam ins Finstere verzerrte Widerspiegelungen der hierarchischen

Bereiche. Da ist auch die zauberische Spiegelsphäre, die Gawan in Schastel-Marveil kennenlernt, die Weit-Entferntes magisch heranzieht: jene Säule, um die sich das Land in sechs Meilen Umkreis im Spiegel dreht.

Die Mitte der Gralsmysterien bildet der leuchtende schalegewordene Stein, Zeichen des höheren Ich. Nichts geschieht hier ohne die Einwilligung des Bewußtseins. Die Achtung vor dem Persönlichkeitskern des Gegenüber ist oberstes Gesetz.

Das Gegenbild dazu ist die phantastische Säule, die wie ein Spion, ohne Wissen und Zustimmung der Betroffenen, hinterrücks die Begebenheiten der Umwelt einfängt.

Ob in der grausen Furt gar die »Kainsschlucht« gemeint ist, jene böse Schicht, aus der aller Streit und alle Zersplitterung unter die Menschen geworfen wird? Wer diese Gefahren bezwungen hat, über dem leuchtet die Sternen-Krone auf.

Die Aktualität dieser Bilder muß nicht besonders betont werden. Wenn wir heute ins Erd-Innere vordringen, ist das nicht nur ein äußerer Vorstoß, sondern es entbindet zugleich die dort gefangenen Gegenkräfte aus dem Schlaf. Und die gleiche Entfesselung wird im Menschen-Inneren bewirkt durch Rauschgift und Drogen. Denn die Entrückung hinterläßt ein zerstörtes Ich. Der Herd des Bösen ist freigelegt — der Stein vom Brunnen des Abgrunds genommen, außen so wie innen. — Wie gehen wir damit um?

Auf diesem Hintergrunde wird die Frage nach den moralischen Qualitäten der engstirnigen Peinlichkeit enthoben und erhält das weltgeschichtliche Format nüchterner Notwendigkeiten.

Man kann das Böse nicht bekämpfen, man muß es überwinden. Gleiches kann nicht durch Gleiches besiegt werden, Haß nicht durch Haß, Kälte nicht durch Kälte und Hitze nicht durch Hitze. Christus hat die Gewalt durch seine Ohnmacht, den blindwütigen Haß durch Liebe überwunden. Das Bündnis mit ihm läßt in der Bedrängnis die jeweilige Heilkraft in uns wachsen. Nur das ganz andere, Entgegengesetzte im Geschmeide der Tugenden (im Sinne von inneren Tüchtigkeiten), die in der Welt einzig vom Menschen erbildet werden können aus der Überwindung, vermag das Dunkel von innen her zu zerstrahlen. Mögen die Sterne im Äußeren verblassen — ihre Kräfte schließen sich zur Krone des Lebens zusammen, die der Mensch in den Abgründen des Bösen erringt.

Am Schluß dieser tiefgründig geheimnisvollen Bilder taucht Parzival neben Gawan auf. Und wenn er jetzt zu ihm sagt: »In dir hab ich mich selber überwunden«, so dürfen wir für einen Moment in das Mysterium dieser doppelgesichtigen Einheit hineinschauen.

Der Überwundene

Kann ein Mensch noch Größeres vollbringen, als daß er in den Tiefen des Bösen die Krone des Lebens findet?

Parzival hat die Frage zu stellen gelernt, die ihm das Tor zu den Gralsmysterien aufschließen kann. Er weiß die Bilder der Mysterien zu lesen. Mehr kann ein Mensch nicht erreichen. Für seine eigene Entwicklung ist er am Ziel.

Was für ein Rätsel, daß sich die Prüfungen dennoch fortsetzen — ja, daß ihm der härteste Kampf erst noch bevorsteht!

Wohl ist Christus der Schicksalsgefährte des einzelnen Menschen geworden, für ihn erreichbar in jedweder Not. Aber wenn er uns Freunde heißt, zu seinen Mitarbeitern erkoren hat, dann meint das mehr als nur die Bewältigung des persönlichen Geschicks, die Vervollkommnung des eigenen Selbst. In Christus schlägt das Herz der Menschheit. Wer ihm folgen will, muß menschheitlich denken, fühlen und wollen.

Von einem bestimmten Augenblick an ist dem Erdenweg der Menschheit das Element der Trennung, der Zwietracht eingeimpft worden. Das Alte Testament markiert diese Entwicklung in dem Bilde des Brudermordes, Kain und Abel. Seitdem ist in die geheimsten Werdeschritte der Individualität die Frage hineinverflochten: Soll ich meines Bruders Hüter sein? Das gilt sowohl in der Geschichte der persönlichen Biographie als auch in der Geschichte der Menschheitsbiographie.

Die Entwicklungswege haben sich in Ost und West mehr und mehr getrennt. Der Osten bewahrt noch die Strömung uralt-heiliger Weisheit, aber zumeist in dekadenter Form. Es ist durchaus zu begreifen, daß die jüngste Generation dieses Jahrhunderts in ihrer ratlosen Suche nach dem Sinn des Daseins in den Osten pilgert. Aber wir können nicht zurück! Was zu seiner Zeit gut und richtig war, wird falsch und unheilvoll, wollte man es in einer nächsten Entwicklungsepoche, die unter einem anderen Vorzeichen steht, einfach wiederholen. — Ein Erwachsener mag sich zuzeiten nach der Himmelsnähe der Kindesunschuld zurücksehnen. Rückwärts führt jedoch kein Weg. Das Kindhafte würde kindisch und ins Krankhafte verzerrt. So darf der zum Ich-Bewußtsein Erwachte nicht auf die Stufe traumhaften Hellsehens zurückfallen wollen. Die Weisheit ist keineswegs verloren; aber heute muß sie im Bewußtseinskristall aufleuchten.

Und noch etwas: wir würden die Erdenmission verfehlen, wenn es uns nicht gelänge, die Weisheit zu durchtränken mit dem Element der Liebe. Das ist die Mission der Erde — aus einem Stern der Weisheit zu einem Stern der Liebe zu werden. Darin liegt die Notwendigkeit des Christentums begründet.

Der letzte Kampf, der Parzival aufgegeben wird, ist rein überpersönlicher Natur: die Auseinandersetzung mit Feirefis, seinem Halbbruder aus dem Osten, dem schwarz-weiß gefleckten.
Daß die einander Suchenden und Bedürfenden sich so oft als Feinde begegnen müssen! Wie weit ist der Weg, bis der Gegner als Bruder erkannt wird!

> »Man sagt mit Recht, so stritten sie,
> Wenn man als Zwei sie will betrachten,
> Die doch für Eins nur sind zu achten ...
> Ich rechne sie für einen,
> Sie würden's selber meinen.«

Herrlich mit Edelsteinen geschmückt erscheint Feirefis, der Schlangen-Gekrönte! Begabt mit den Kräften uralter Weisheit! Ihm ist das Zaubergewebe magischer Kräfte, die sich aus dem Wirken der Sterne speisen, wohlbekannt. — In diesem schwersten Kampf seines Lebens zerbricht Parzivals Schwert, das er Herrn Ither raubte! Ist es Grausamkeit oder Wohltat der Schicksalsmächte, daß sie ihm den Ausgleich seiner Taten schon in diesem Leben widerfahren lassen?
In diesem Kampf wird Parzival besiegt. Es gibt keine größere Weisheit als die einstmals im Osten gepflegte, wenn die klare Erkenntniskraft sie sich neu aneignet. Sie ist allemal überlegen. Was kann Parzival retten? »Ach, daß er doch der Minne

denke!« Die Liebe zum »mächtigen Gral«, die Liebe zu Kondwiramur erweisen sich als Schutzmächte. Das Wunder wird Ereignis! Die Liebe siegt — indem sie unterliegt.

Hier ist die Gralssage dem Christentum am nächsten. Christus ist nicht der Triumphator. Aber daß er im Erleiden der äußersten Ohnmacht die Kraft der unverbrüchlichen Liebe bewahrt hat, offenbart ihn als den Überwinder. Da ist eine Macht wirksam geworden, die aller Weisheit überlegen ist und die den Menschen, der sich mit ihr verbindet, in den Bereich des Göttlichen erhöht aus der Demut heraus.

Feirefis will keinen wehrlos gewordenen Mann bekämpfen. Als sie ihre Visiere öffnen, erkennen sie sich als Brüder. Wenn Parzival jetzt zum Gralskönig berufen wird, dann kann der Getaufte den Ungetauften mitnehmen; der Christ darf den weisen Bruder aus dem Osten führen zu den Mysterien des Grals. Nicht die Flucht in den Osten kann der Menschheit helfen; die Zeit des »ex oriente lux« ist vorbei. Wohl aber will das Licht der Weisheit sich mit der Wärme der Liebe durchdringen, die Christus als ein Samenkorn der Zukunft der Erde eingepflanzt hat.

Nun erfüllt sich auch das geheime Gesetz, daß niemand allein zum Gral kommen darf. Wo ist dein Bruder? Jeder muß noch einen anderen mitbringen. So will es der Gral.

Hüter des Grals

Zuletzt wird die Bilderschrift wieder einfach, zieht
sich zusammen auf die Ur-Runen. Sie haben den
Mysterienweg eröffnet, und sie krönen ihn. Es sind
die gleichen und doch nicht die gleichen. Welch
eine Verwandlung haben sie inzwischen erfahren!

Kundrie, die Gralsbotin, erscheint. Aber wenn sie zu
Anfang, als sie Parzival aus der Artus-Runde ver-
trieb, der Inbegriff häßlicher Abscheulichkeit war
— gleichsam sein dunkler Doppelgänger —, so ist
sie nun reich gewandet, zur Schönheit verklärt. Hat
er selbst diese Verwandlung bewirkt? Daß Parzival
ihr nun in aller Öffentlichkeit die ihm zugefügte
Schmach vergibt, ist nur die Besiegelung eines langen
Prozesses, während dessen er gelernt hat, das Ver-
hängnis im Sinne einer höheren Gerechtigkeit an-
zunehmen. — Jetzt darf Kundrie ihn zum Gralskönig berufen. Sein Name wurde sichtbar am Gral,
lesbar in der Sternenschrift.
Wo haben wir das Reich der Gralsritter zu suchen?
»Was der Planetenlauf umkreist und überglänzt,
ist alles dein.« Feierlich werden ihre Namen genannt, wie in einer Beschwörung ihrer Kräfte. Die

Gralsburg ist kein irdischer Ort, nicht geographisch festlegbar. Zum Verwalter dessen, was von den Sternen umschrieben und durchdrungen ist, wird Parzival ernannt.

Die göttliche Sternenschrift am Himmel ist heute sinnentleert, erloschen; dort sind nur noch die toten Buchstaben der einstigen Offenbarungslaute zu finden. Ihre Kräfte jedoch sind der Erde, dem Menschen und seinem Schicksal eingesiegelt. Dort können sie wieder entziffert werden, wenn wir den Sinn dafür entwickeln, daß die Erde der Stern des Christus ist. So hart, finster und gottentfremdet die Stätte unseres Lebens auch geworden ist, nur zu oft ein Ort des Schreckens, so ist sie dennoch zum Hause geworden, in dem Christus mit uns wohnen will — zusammen mit den Dämonen. Die Sternenspur, einstmals leuchtend am Firmament, kann und will nun aus dem Erdendunkel aufglimmen. Das ist »das Licht, das da scheinet an einem dunklen Ort, bis der Tag anbreche und der Morgenstern aufgehe in euren Herzen« (2. Petrus 1).

Aber auch in den Schicksalsablauf des Menschen sind die Sternenkräfte einverwoben. Jede Lebensepoche ist geistig von einem anderen Gestirn überglänzt. Darauf aufmerksam zu werden und das jeweilige Gesetz zu erhorchen, wird wichtigstes Glied einer zukünftigen Lebenskunst. — Und schließlich: die Schicksalsausgestaltung nach dem Tode erfolgt im Durchgang durch die Sternensphären, von den Hierarchien geführt.

Gleichsam als Urbild des Gralskönigtums tauchte vor dem Seherauge des Apokalyptikers das Bild des Christus im Kosmos auf, der die sieben Sterne in seiner rechten Hand hält. Und er schaut, wie ihre Kräfte in sieben Gemeinden ihre Spiegelung finden. — »Die sieben Sterne sind Engel der sieben Gemeinden« (Offenb. 1). Welch ein Geheimnis! Nicht nur im Erdendunkel und in den menschlichen Schicksalsgründen wirken die Sternenkräfte! Zu ihrer vollen Entfaltung gelangen sie erst in einer Gemeinschaft. Wenn der einzelne seine Fähigkeiten und Ziele mit anderen in Einklang bringt, ordnen sich Menschensterne auf Erden zu Figuren, die lesbar werden für göttliche Augen. — Nur aus der Gemeinschaft können die Gralsritter wirken und einen der Ihren dorthin entsenden, wo es eine Not zu lindern gibt. Über der Tafelrunde schwebt die Taube des heiligen Geistes.

Als Parzival seinen Willen dem göttlichen eingefügt hat und zum Hüter des Menschheitsbruders geworden ist, bereit, alle seine Kraft dem Dienst anderer zu weihen aus Liebe zu Gott und zu den Menschen, da ist er ein Mitarbeiter Gottes auf Erden geworden. Der Name des Menschen erglänzt in den Himmelswelten. Aus dem träumenden Kind, das hellfühlend die Natur noch beseelt von den Schöpferkräften des Vatergottes erlebte, und dem Mann, der in der Not aus Ohnmacht und Wiedererhebung den Sohnesgott als den Schicksalsbruder erfuhr, ist der Mensch geworden, der im Dienste des heilenden

Geistes zu Taten der Liebe in der Welt berufen ist.

So reitet Parzival mit seinem Bruder Feirefis, von
Kundrie geführt, zur Gralsburg. Noch einmal offen-
baren sich ihm ihre Wunder. Aber jetzt fehlt das
Bild der blutenden Lanze! Die verletzende Schärfe
des Ego ist überwunden. Amfortas, an der Menschheitswunde krankend, wird durch die erbarmende
Liebe des Christus, die sich ihm durch einen Mitmenschen erweist, von seiner Qual erlöst.
Der aller Weisheit des Ostens Kundige, Feirefis,
kann zunächst den Gral nicht schauen, nur dessen
Trägerin! Erst, als er durch die Taufe in die Mysterien des Christentums eingeweiht wird, erschließt
sich auch ihm der wunderbare Speisungsquell, der
sein Ich ernährt. Seine Nachkommen werden die
Christus-Kunde später in den Osten bringen.
Nichts geht verloren, was dem Menschen vom Schicksal zugedacht ist. Nun der Erdenauftrag vollendet
ist, wird Parzival auch der geliebte Mensch, Kondwiramur, wieder zugeführt. Den Entsagenden wird
innige Erfüllung zuteil.
Wo aber ist Sigune, die trauernde Jungfrau mit
dem toten Bräutigam? Die Pietà an jeder wichtigen
Station seiner Pilgerschaft! Hat sich ihre Herzens-
wunde zum Geistesauge verwandelt? Dann darf sie
zur Ruhe kommen. Auf seinem Weg zur Gralsburg
sucht Parzival die Klause, in der er sie bei Schionatulandur, dem toten Bräutigam, wachend weiß. Er
findet eine Tote, die er in das Grab zu ihrem Ge-

liebten bettet. Wenn es heißt, daß aus ihrer Gruft
zwei ineinander verschlungene unverwesliche Wein-
reben erblühen, so wird in diesem Bilde das Auf-
erstehungsgeheimnis von »Stirb und Werde« auf das
schönste sichtbar.

Das Ende? Es gibt keines. In jedem Menschen, der
nach dem Sinn des Lebens, der Lichtspur im Dun-
keln sucht, schreibt sich Parzivals Weg weiter. Der
Gral beruft seine Hüter überall.

Die Mysterien sind nicht verstummt. Aber wir müssen die Tugenden erüben, die Organe entwickeln,
mit denen wir sie wieder erleben, durch die uns »Das
Christentum als mystische Tatsache«, wie Rudolf
Steiner, der Begründer der Anthroposophie, es
nannte, erfahrbar wird. Es ist heute möglich und
notwendig, sich Erkenntnisse geistiger Welten zu er-
werben. Die vorbereitenden Prüfungen vollzieht das
Schicksal an uns. Der Weg führt »mitten hindurch«.

Ausklänge

1. Sigune und das Brackenseil
(Ein Zwischenspiel)

Was wie ein Nebenspiel anmutet, mit zartem Pinsel gemalt: das tragische Liebesgeschick von Sigune und Schionatulandur, im Epos nur angedeutet, erweist sich insgeheim als Grundierung des Ganzen.

Ein Hund, ein Bracke (so erzählt Wolfram v. Eschenbach im Fragment »Titurel«) sprang in das Zelt, in welchem die Liebenden weilten. Ein kostbares Halsband schmückt ihn, das sich in ein Brackenseil fortsetzt, aus edlen Steinen erbildet — Beryll, Smaragd, Rubin, Diamant, Chrysolit, um nur einige zu nennen, die sich zu einer Schrift zusammenfügen. Gardevias war sein Name: Hüte der Fährte! Trug der hellste Stern im Sternbild des Hundes, der Sirius, bei den Ägyptern nicht auch den Namen: der wachsame Wächter?
Edelsteine und Sterne stehen nicht nur in einem poetischen, sondern in einem wirklichen Bezug zueinander. Was wir heute nur als Schmuck betrach-

ten, darin erkannte die Weisheit alter Zeiten die im Erdenstoff geronnene Sichtbarwerdung reinster Formkräfte der Sterne. Sie senden nicht nur Licht in die Dunkelheit, sondern auch Kräfte! Der edelsteingeschmückte Mensch, das war jemand, der die geistigen Kräfte der Sterne in seiner Seele aufleuchten lassen konnte. So trug der Hohepriester der Juden, wenn er zum Gottesdienst in den Tempel ging, einen Schild mit zwölf Edelsteinen auf seiner Brust.

Sigune begann die Schrift auf dem Brackenseil zu lesen: »Hüte der Fährte zur Gottes Minne. Dies ist ein Gebot über alle Gebote. Hüte der Fährte, daß dir die himmlische Krone zuteil werde.« Von zwölf Tugenden ist die Rede, die sich als zwölf Blumen in der Seele entfalten sollen. In der Sprache des Mittelalters heißen sie: reine Zucht, Keuschheit, Milde, Treue, Mäßigkeit, Sorgfalt, Scham, Bescheidenheit, Beständigkeit, Demut, Geduld und Minne.

Diese Tugenden hat der Mensch nicht von selbst, sie gilt es zu erringen in redlicher Arbeit. Dann werden die Kräfte der Sterne in der Seele entbunden. Folgt man getreulich dem Pfad, der zur Erbildung dieser zwölf Herzenstugenden führt, dem seelischen Abglanz der zwölf Tierkreiszeichen, so wird man schließlich zum Erlauschen des Engelwortes geleitet, »die letzte Blume leitet dich zu der Engel Sange«. Aus dieser Sphäre kann ein Strahl der Erleuchtung auf die Schicksalsschrift fallen. Sie wird verstehbar.

Die Geschehnisse des Daseins gleichen den Buchstaben eines Alphabets, dessen Bedeutung wir nicht wissen. Die Kenntnis der einzelnen Zeichen befähigt uns noch nicht, den Sinn der daraus gebildeten Worte zu verstehen. Das Schriftbild erhält seinen Sinn erst im Geiste des Menschen. Die größten Dichtungen wären nur eine Zusammenwürfelung von Buchstaben, hätten wir nicht lesen gelernt, das heißt den Zeichen ihre Deutung zu verleihen.

Sollte es bei der Entzifferung der Schicksalsschrift ähnlich sein wie beim Lesen der Buchstaben? Daß sie sinnlos auseinanderfallen, wenn nicht ein übergeordneter Geist die Idee hinzufügt? Der Sinn des Lebens kann nicht in den äußeren Tatsachen gefunden werden. Wir müssen einen höheren Bereich aufsuchen, in dem die Runen des Schicksals erst ihre Deutung erfahren.

Signune entglitt jedoch das Brackenseil, ehe sie die Sternenschrift zu Ende gelesen hatte. Gardevias entsprang. Und gälte es das Opfer des Liebsten — sie muß ihn wiederfinden! Auf der Suche nach ihm starb Schionatulandur.

Wie eine Verheißung erglänzt für einen Augenblick die Sternenschrift über dem Anfang von Parzivals Schicksalsweg, dem Weg zum Gral.

Welch mühseliges Unterfangen, diese Schrift zu entziffern! Hie und da glänzt ein Wort auf, dann wird die Zeile wieder verwischt, das lose Gewirr der Buchstaben verschlingt sich, wird ausgelöscht. Aber es hilft nichts, wir müssen weitersuchen, bis der Ster-

nenmensch, geschmückt mit dem leuchtenden Geschmeide der Tugenden, aus dem Stoff der natürlichen Existenz herausmodelliert worden ist.

Daß die Erringung seelischer Fähigkeiten etwas mit
der Erkenntnis zu tun habe, erscheint zunächst
widersinnig. Aber so seltsam es klingt — es ist die
Seele, die schauend werden soll. Das Organ der
höheren Erkenntnis erwächst aus dem Herzen!

Als Parzival den Wald verläßt und den eigenen
Lebenspfad betritt, sitzt Sigune am Weg, die trau-
ernde Jungfrau mit dem toten Bräutigam im Schoß.
An jeder Station seines Schicksals trifft er sie, ihn
weckend zu höherem Aufschwung. Erst als er sich
die himmlische Krone errungen hat, den Kranz der
Tugenden, verschwindet das Bild. Jetzt ist er der
Lebensschrift kundig. Sein Name, der eigentliche,
der in den Himmeln geschriebene, erglänzt am
Gral. Die Verheißung ist erfüllt.

2. Der Werde-Schritt der Menschheit

Was sich heute in entgegengesetzte Richtungen spal-
tet — die bloße Anerkennung des Diesseits und
die Sehnsucht nach der Berührung mit der geistigen
Welt —, entspringt dennoch der gleichen Wurzel.
Aber wir müssen weit zurückgehen im Geschichts-
raum der Menschheit, um den gemeinsamen Grund
zu entdecken.

Wir kennen die verschiedenen Fassungen der Gralssage, die im 12., 13. Jahrhundert aufgezeichnet wurden. (Unser Buch folgt der Darstellung von Wolfram von Eschenbach.) Das ist jedoch nur der letzte
schriftliche Niederschlag einer Weisheit, die schon
seit dem 9. Jahrhundert in den Seelen einer kleinen
Menschengruppe lebte. Suchen wir den Mutterboden
für Geistesströmungen, die sich in ihrer einander
bekämpfenden und doch einander brauchenden Ver-
schiedenartigkeit erst lange Zeit später entfalten, so
müssen wir bis in das 9. Jahrhundert zurückwandern.

Damals wob sich ein dichter Vorhang vor den offe-
nen Himmel der Erkenntnis. Das Wissen von dem
Geistesursprung des Menschen begann sich einzu-
trüben. Die ersten feinen Risse im Tragegrund der
Lebenssicherheit zeichnen sich ab. Das Konzil von
Konstantinopel 869 dokumentiert die Ratlosigkeit.
Ob der Mensch eine geistige Natur habe, darüber
ließ sich nichts Überzeugendes mehr aussagen. Allen-
falls zeige die Seele, nun als das oberste Glied des
Menschen betrachtet, etliche geistige Eigenschaften.

Aber was auf dem Erkenntnishintergrund des
9. Jahrhunderts in eine abstrakte Form gerann, das
berührte noch nicht das Lebensgefühl der Allgemein-
heit. Bis Gedanken sich in den Taten der Menschen
ihren Ausdruck verschaffen, vergehen zuweilen Jahrhunderte. Die beginnende Geistentfremdung im
9. Jahrhundert zeitigt ihre vollen Auswirkungen erst

im 19., 20. Jahrhundert im Leben des Menschen, das vom Materialismus geprägt wird.

Das 9. Jahrhundert, das die Anfänge des Materialismus in der Gedankenart begründet, trägt jedoch auch schon die Keime zu seiner Überwindung in sich, indem es kleine Menschenkreise behütet, in denen die Gralsmysterien gepflegt werden. Und wiederum wird anschaubar, wie das in Untergründen Wirkende erst heute an die Oberfläche tritt; in dem weltgeschichtlichen Augenblick nämlich, der die Frage, ob wir zur Naturerkenntnis die Geisterkenntnis hinzufinden, eine Frage der menschlichen Existenz werden läßt. Rudolf Steiner nennt seine »Geheimwissenschaft«, in der die Grundzüge der Geist-Erkenntnis von Welt, Erde und Mensch enthalten sind, eine Wissenschaft vom Gral. Aber sie ist nicht mehr versiegelt, sondern ein öffentlich ausliegendes Buch.

»Tausend Jahre sind vor Dir, o Herr, ein Tag.« Unsere so kurzatmig gewordenen Gedanken können sich heilen lassen, indem sie auf den großen Werde-Rhythmen der Menschheitsgeschichte ruhen. — Diese Rhythmen umschließen notwendigerweise auch Tiefpunkte. Das von allen Bindungen befreite Ich bedarf solcher Zeiten der äußersten Geistentfremdung, damit es, allein auf sich selbst gestellt, in seinem Kern erstarke. Aber zuvor werden wir begabt mit einem Schlüssel, der seine Kraft im Erfahren des äußersten Nullpunktes erweist. — Das Geschichtsleben der Menschheit läßt ein geistiges Gesetz erkennen: daß die Arznei vor dem Ausbruch der Krankheit verliehen wird. Dieses zu wissen kann hilfreich sein bei der Lösung der Rätselfrage, warum das Christentum bislang so unzureichend — wie es scheint — zur Wirksamkeit gelangt ist. Was den Verdacht erweckt, seinem Ende beizuwohnen, läßt uns in Wahrheit hoffen, zum Aufgehen der Saat selbst beitragen zu dürfen.

Die im 9. Jahrhundert veranlagte Geistverleugnung tritt erst jetzt ganz in Erscheinung in der Krankheit des Materialismus. Aber auch die verborgene Mitgift: das geheime, damals auf besondere Kreise beschränkte Wissen, wie dieser Aussatz zu heilen ist, wird heute an jeden erteilt, der es will.

Die Zeit, als Einweihungen nur an Auserwählten in geheimen Orden vollzogen wurden, ist vorbei. Seit durch das Mysterium von Golgatha der immerwährende Zustrom an göttlicher Kraft für jeden erfahrbar geworden ist, werden die Prüfungen und Läuterungen, die jeder Verleihung höherer Erkenntnisse vorausgehen müssen, durch das Schicksal bewirkt. Und die Erhebung in den Geheimniszustand der Einwohnung Gottes im Menschen geschieht im Alltag.

Weil dieses uns Zugedachte so unerhört ist, sind auch die Gegenmächte zur Stelle. Durch die Verlockung des Rausches einerseits und die Selbstbeschränkung des Bewußtseins auf das nur Hiesige andererseits wird der Mensch um seine geistige Würde gebracht. Versucht man, die Imaginationen der Gralssage mit

dem Erkenntnisblick zu durchdringen, so wird die
exakte Beschreibung der Schritte auf dem inneren
Pfad der Menschwerdung sichtbar.

3. Mythos und Wirklichkeit

Je mehr es auf das Jahrhundertende zugeht, desto
stärker hebt sich aus den Tiefen unserer Zeitepoche
wie eine Woge die Suche nach den geistigen Hinter-
gründen empor. Zu deutlich werden wir darüber be-
lehrt, daß der Sinn der Geschehnisse im Alltag nicht
zu finden ist. Das Siegel, das den Rohstoff unseres
Handelns zur sinngebenden Figur fügt, ist nur in
einer übergeordneten Welt zu entdecken.
Die Wissenschaft unserer Zeit hat neue Wirklich-
keitsbereiche in der Natur erschlossen. Andere Er-
fahrensbereiche sind darüber verlorengegangen. Bemerken wir, daß gleichzeitig das Lebensgefühl des
Menschen unsicher wird? Solange der Mensch noch
wußte, woher er kommt bei der Geburt, wohin er
geht beim Tode, wußte er auch noch, warum er lebt.
— Je mehr wir uns mit der äußeren Wirklichkeit
begnügen, um so bedrohlicher breitet sich die schlei-
chende Krankheit in den Gemütern aus: Das Leben
ist sinnlos, absurd.
Der Mensch, ins Leben geworfen, ein Produkt blin-
den Zufalls, verwesend ins Nichts — wie sollte er
das Warum seines Leidens, den Sinn seiner Existenz

begreifen können? Eingeordnet jedoch in das Schöpfungsgebäude, entsandt vom Vatergott, voller Gewißheit seiner Heimkehr in das Geisteshaus, weiß er sich als Bruder des Gottessohnes auch noch bei der geringsten Arbeit einbezogen in ein großes Geschehen, in dem auf ihn gerechnet ist als Miterbauer der goldenen Stadt.

Was der Mensch tut, ist schließlich nicht entscheidend — sondern in welchen Zusammenhang er es stellt. Die einzelnen Handgriffe des Alltags mögen, für sich genommen, unbedeutend erscheinen. Im Lebensganzen geschaut, geprägt vom Ziel, sind sie unentbehrliche Glieder einer Kette.

Die Seele nährt sich von Bildern. Der zehrende Hunger, die innere Verödung läßt den Menschen heute nach jedem Mittel greifen, das ihm verspricht, Bilder vor seine Seele zu zaubern. Aber sind es Wahrbilder, die sättigen können? — Nichts ist unserer Zeit so lebensnotwendig wie die Erschließung geistiger Urbilder, in denen die Seele sich selbst findet.

Es gibt eine Geschichte der Menschheit auf dem Tatenfeld des Irdischen. Und es gibt eine Art Übergeschichte, gleichsam eingeschrieben in eine unsichtbare Chronik. Sie ist ablesbar an den Mythen, die in Bildern das Schicksal der Menschheit spiegeln.

Wie die Sterne das Leben der Menschen begleiten, so begleiten die Mythen ihren inneren Weg. Oft ziehen verhüllende Wolken über die Sterne hin; aber ihre Wirksamkeit ist davon unberührt. So mögen lange Zeiträume hindurch die Menschen ihre Mythen vergessen. Haben sich die Nebelwolken des Unglaubens aufgelöst, so treten die Bilder in unauslöschlichem Glanz vor den Blick. Nicht das Unterbewußtsein läßt sie hervorquellen; vielmehr entstammen sie dem Überbewußtsein. Aus der Geisteswelt, in der wir urständen, leuchten sie als Wahrbilder herein. Die Seele empfängt sie als Wegzehrung auf ihrer Erdenwanderung.

Die Brutalität der Alltagswelt drängt diese Dinge zurück. Vor den handgreiflichen Notwendigkeiten des Tages scheinen sich die Realitäten der Geisteswelt in den Bereich unwirklicher Phantastik zu verflüchtigen. Sie sind, so meint man, nicht wirklich und nicht lebensnotwendig.

Aber — was ist wirklich?

Ein Tümpel spiegelt dir aus seiner Nachtschwärze das Silber des Mondes zu. Die bewegte Stetigkeit, mit der er dir sein Licht aus dem Dunkel zuwellt, tröstet und läßt dich den Fuß wieder auf den Weg setzen. — Was hat die neue Zuversicht geweckt? Ein Gaukelbild, eine Illusion letztlich? Das Spiegelbild ist ja nur Schein. Und was wäre dann die Wirklichkeit? Die durch das Fernrohr anvisierte pockennarbige Kruste des Weltraumkörpers? Das Fragespiel der Gedanken wird allemal vom Gewicht des Erlebens entschieden. Die Erfahrung der Tröstung ist kein Trug.

Das »Leben« ist immer unsichtbar. Sichtbar sind seine Äußerungen. Erst wenn das Herz stillsteht, merken wir, wo im Verborgenen das Leben pulsierte.

In den Mysterien schlägt das Herz der Menschheit. Kein Wunder, daß die Furcht aufsteht vor dem inneren Erstickungstod alles Menschlichen, wenn das Handeln nicht mehr durchpulst wird vom Herzschlag des Lebens. Fühlend, daß es um Sein oder Nichtsein geht, suchen heute über die Erde hin zahllose Menschen nach einer Erneuerung der Mysterien. Es ist die Frage unseres Jahrhunderts.

Vergangenen Epochen gab das Anschauen der Bilder Genüge. Heute gesellt sich das unabweisbare Bedürfnis hinzu, den Erkenntnisgrund der Bilder zu erschließen.

Die Gralssage ist eine Mysteriendichtung. Sie gehört nicht nur der Vergangenheit an. Die Imaginationen, durch lange Zeiten die Seelen im Verborgenen speisend, tauchen heute in einer neuen Schicht des Bewußtseins auf und können von dem Erkenntnisblick eingesehen werden. Dann allerdings werden sie zum Spiegel, in dem der Mensch sich erblickt, er selbst, ein Parzival, den schweren Weg suchend aus der »Tumbheit« durch den »Zwîfel« zur »Saelde« — zur Einswerdung mit dem Göttlichen. Der Weg ist urbildlich und heute für jeden gangbar.

4. Aus der Dichtung des Wolfram von Eschenbach über den Gral

FÜNFTES BUCH

Wer wissen will, wie's mit ihm ward
Auf seiner Abenteuerfahrt,
Dem kann ich von dem Helden
Nun große Wunder melden.
Laßt reiten Gachmuretens Kind,
Und wer im Herzen treugesinnt
Dem Wandrer ist, der wünsch' ihm Heil!
. . .
Schon rückt die Abendzeit heran;
Da lag vor ihm ein See im Tann,
Wo er auf Rufesweite nah
Ein Boot mit Fischern ankern sah,
Und unter ihnen ruhte
Ein Mann im Pfauenhute;
Der trug so prächtige Gewande,
Als ob ihm dienten alle Lande.
Den bat er: Gott und Euch zu Ehren,
Geruhet, Herr, mich zu belehren,
Wo ich hier Herberg finden kann. —
Herr, sprach der traurig ernste Mann,
Auf dreißig Meilen in der Rund
Ist mir kein Menschenwohnsitz kund
Als eine Burg nicht fern von hier.
Die sucht! Denn sonst, wo bliebet Ihr?
Dort, wo die Felsen enden,

Müßt Ihr nach rechts Euch wenden.
Wenn Ihr das Roß zum Graben lenkt,
So heischt, daß man die Brücke senkt,
Daß Euch der Zugang werde frei. —
. . .
Ein Knappe, der ihn wahrgenommen,
Fragt ihn, von wannen er gekommen
Und was am Orte sein Begehr.
Der Fischer, rief er, schickt mich her.
Er wollte gastlich mein gedenken
Und sprach: Heißt Euch die Brücke senken,
Und ist's geschehen, so reitet ein! —
Herr, Ihr sollt willkommen sein.
Da es der Fischer Euch versprach,
Beut man Euch Ehre und Gemach
Ihm, der Euch sandte, zu Gefallen. —
Er rief's und ließ die Brücke fallen.
Der Held ritt durch des Thores Gang
Auf einen Burghof breit und lang,
Der ganz mit Gras bewachsen war.
. . .
Man trug den Burgherrn auf ein Bette
Nah bei der mittlern Feuerstätte.
Ihm war vom Glück Valet gegeben;
Ein qualvoll Sterben war sein Leben.
Und doch empfing er voller Gnaden
Den lichten Gast, den er geladen;
. . .
Still saßen rings der Ritter Reihn;
Da plötzlich zog der Jammer ein.

Ein Knappe kam zum Saal gerannt
Mit einer Lanze in der Hand,
Die aus der Schneide Blut ergoß,
Das ihm bis in den Ärmel floß,
Und durch den weiten Palas scholl
Geschrei und Weinen jammervoll.
Die Wände trug er sie entlang,
Bis er hinaus zur Türe sprang,
Durch die er sie hereingetragen.
Da stillte sich des Volkes Klagen.
. . .
Dann kam die Königin herein;
Ihr Antlitz gab so lichten Schein:
Sie meinten all, es wolle tagen.
Als Kleid sah man die Jungfrau tragen
Arabiens schönste Weberei.

Auf einem grünen Achmardei
Trug sie des Paradieses Preis,
Des Heiles Wurzel, Stamm und Reis.
Das war ein Ding; das hieß der Gral,
Ein Hort von Wundern ohne Zahl.
Repanse de Schoye sie hieß,
Durch die der Gral sich tragen ließ.
Die hehre Art des Grales wollte,
Daß, die sein würdig pflegen sollte,
Die mußte keuschen Herzens sein,
Von aller Falschheit frei und rein.
Die Jungfraun tragen vor dem Gral
Sechs Glasgefäße lang und schmal,

Aus denen Balsamfeuer flammt.
Sie wandeln züchtig insgesamt
Mit abgemessnem Schritte
Bis in des Saales Mitte.
Die Königin verneigte sich
mit ihren Jungfraun feierlich
Und setzte vor den Herrn den Gral.
Gedankenvoll saß Parzival
Und blickte nach ihr unverwandt,
Die ihren Mantel ihm gesandt.
Drauf teilt sich all das Gralgeleite;
Zwölf Jungfraun stehn auf jeder Seite,
Und in der Mitte steht allein
Die Magd in ihrer Krone Schein.
. . .
Hundert Knappen traten dann
Mit Tüchern auf der Hand heran;
Voll Ehrfurcht kamen sie gegangen,
Das Brot vom Grale zu empfangen.
. . .
Denn wie ich selber sie vernommen,
Soll auch zu euch die Märe kommen:
Was einer je vom Gral begehrt,
Das ward ihm in die Hand gewährt,
Speise warm und Speise kalt,
Ob sie frisch sei oder alt,
Ob sie wild sei oder zahm.
Wer meint, daß dies zu wundersam
Und ohne Beispiel wäre,
Der schelte nicht die Märe.

Dem Gral entquoll ein Strom von Segen,
Vom Glück der Welt ein vollster Regen.
Er galt fast all dem Höchsten gleich,
Wie man's erzählt vom Himmelreich.

. . .

. . .

NEUNTES BUCH

Mir ist wohl bekannt,
Es wohnt gar manche tapfre Hand
Auf Munsalväsche bei dem Gral,
Und rastlos ziehn durch Berg und Tal
Sie, die Templeisen, in die Weite.
Ob Sieg, ob Fall ihr Los im Streite,
Sie tragen alles mit Geduld;
Sie tun's um ihrer Sünden Schuld.
Doch soll ich Kunde geben,
Wovon die Helden leben,
So sag' ich Euch: sie speist ein Stein
Von einer Art so hehr und rein.
Die man, wenn Ihr sie noch nicht kennt,
Lapis electrix benennt.
Er ist es, der das Wunder tut,
Stürzt sich der Phönix in die Glut
Und hebt sich aus der Asche wieder;
In Flammen mausernd sein Gefieder
Strahlt er verjüngt so schön als eh.
Auch wurde keinem Mann so weh,
Kommt dieser Stein ihm zu Gesicht,

Stirbt er die nächste Woche nicht,
Und von dem Tag an altert er
In Farb' und Antlitz nimmermehr.

. . .

So gibt dem Menschen dieser Stein
Die Kraft, daß er von Fleisch und Bein
Jung bleibt trotz der Jahre Zahl,
Und dieser Stein heißt auch der Gral.
Zu ihm kommt eine Sendung heut,
Die seine höchste Kraft ihm beut;
Denn am Karfreitag jedes Jahr
Zeigt sich ein Anblick wunderbar:
Weiß aus blauen Himmelshöhn
Fliegt eine Taube leuchtend schön
Und bringt herab zu diesem Stein
Eine Oblat weiß und fein;
Die legt sie auf dem Steine nieder
Und schwingt sich auf zum Himmel wieder.
Davon ist ihm die Macht gegeben,
Mit paradiesisch reichem Leben
In Speisen und Getränken
Die Seinen zu beschenken.

. . .

(Übersetzung von Wilhelm Hertz)

ZEITGEWISSEN

Biographische Skizzen

Von Barbara Nordmeyer

... Nennen wir doch gleich die Namen einiger Licht-
gestalten, die hier durch ihren kurzgefaßten Lebenslauf
zu uns sprechen: Dag Hammarskjöld, Claude Eatherley
und Günther Anders, Robert Oppenheimer, Pierre Teil-
hard de Chardin, C. G. Jung, Martin Luther King, Boris
Pasternak, Hermann Kükelhaus, Nelly Sachs und Emil
Bock. Der eine ist mehr, der andere ist weniger bekannt.
Zwei davon, Pasternak und Nelly Sachs, sind durch den
Nobelpreis weiter in den Kreis der Weltbetrachtung ge-
treten ... Wie aber, wenn das Schicksal dieser Menschen
nicht durch Zufall zu gleicher Zeit zu uns redete, wenn
sie nicht umsonst, zwar voneinander getrennt, aber doch
von den verschiedensten Gebieten her eindringlich und
mit der Sprache ihres Karmas zu uns sprächen, — zu uns
sprächen wie ein Gewissen spricht, ein Zeitgewissen? ...
Und nun noch ein Wort von der Art, wie Barbara Nordmeyer von diesen Menschen spricht oder sie reden läßt.
Zwischen den Zeilen sagt sie fast jedem von ihnen: Dank,
daß es Dich gab, oder daß es Dich gibt! Und diese Dank-
sagung für ›eine geheime Tröstung‹ geht durch Barbara
Nordmeyer in den Leser über, in den Leser hinein und
tritt wieder ›erhöht und verpersönlicht‹ aus ihm heraus.
Dies ist der Wert eines guten Buches, es ist der Wert
dieses Buches von Barbara Nordmeyer.

Radio Straßburg

6. Auflage, 23.—26. Tausend, 190 Seiten, 11 Bildnisse
auf Tafeln, Paperback.

VERLAG URACHHAUS STUTTGART

PROFILE DES JAHRHUNDERTS
DURCHBLICKE
Von Barbara Nordmeyer

2. Auflage 9.—13. Tausend, 116 Seiten, 9 Bildnisse auf Tafeln, als Falttafel die Ebstorfer Weltkarte. Paperback.

Inhalt: Menschheitsbewußtsein · Das Erbrausen des Erdgeistes; Alexander Block · Genie der Menschlichkeit; Janusz Korczak · Der freie Mensch in der Apokalypse der Gegenwart; Alexander Solschenizyn · Wetterleuchten der Wiederverkörperungsidee; Andrej Sinjawskij · Ohnmacht als Schwelle zum Übersinnlichen; Eugène Ionesco · Die Frage nach dem Sinn des Lebens; Thornton Wilder · Das Gewahrwerden des geringsten Bruders; Jerome D. Salinger · »... wie der Blitz aufflammt im Osten und scheint bis nach Westen ...«

FRAGEN AN DAS SCHICKSAL
Von Barbara Nordmeyer

2. Auflage 7.—12. Tausend, 120 Seiten, gebunden.

Inhalt: Geleit-Worte · Glück und Unglück in der Schicksalsschrift · Werde ich gelebt oder lebe — Ich? · Das Element der Freiheit in einer fest-gestellten Welt · Menschenbegegnung — Schuldverhaftung und Schuldbefreiung · Die Angst und ihre Entmachtung · Die Frage: Wozu? · Mensch-Sein im Beruf · Herausforderung durch das Böse · Der Christ — Weltmensch oder Mystiker? · Was wird mit uns nach dem Tode? · Gibt es einen Weltenfortgang?

VERLAG URACHHAUS STUTTGART